U0521283

REAL MADRID CF
欧冠之王

皇马十五冠图文史诗

《体坛周报》 著

15
UEFA CHAMPIONS LEAGUE

西苑出版社 XIYUAN PUBLISHING HOUSE　金城出版社 GOLD WALL PRESS

中国·北京

图书在版编目（CIP）数据

欧冠之王：皇马十五冠图文史诗/《体坛周报》著.—北京：西苑出版社有限公司，2024.8.—ISBN 978-7-5151-0919-0

Ⅰ．G843.655.1

中国国家版本馆 CIP 数据核字第 2024MG3024 号

OUGUAN ZHI WANG：HUANGMA SHIWU GUAN TUWEN SHISHI

欧冠之王：皇马十五冠图文史诗

著　　者	《体坛周报》
责任编辑	王思硕
责任校对	王振强
责任印制	李仕杰
开　　本	710 毫米×1000 毫米 1/16
印　　张	13
字　　数	248 千字
版　　次	2024 年 8 月第 1 版
印　　次	2024 年 8 月第 1 次印刷
印　　刷	鑫艺佳利（天津）印刷有限公司
书　　号	ISBN 978-7-5151-0919-0
定　　价	59.80 元

出版发行	西苑出版社有限公司 金城出版社有限公司 北京市朝阳区利泽东二路 3 号 邮编：100102
发 行 部	（010）84254364
编 辑 部	（010）64391966
总 编 室	（010）64228516
网　　址	http://www.jccb.com.cn
电子邮箱	xiyuanpub@163.com
法律顾问	北京市植德律师事务所 18911105819

《体坛周报》本书编委会

主　　编：骆　明
专题策划：彭　雷
撰　　稿：林良锋　梁宏业　武一帆　李海龙　姜斯瀚　张　力　黄思隽　王　恕
　　　　　朱　权　彭　雷　孙　奇　李　慕　吴昊宇
文字编辑：徐鑫炜　李　慕　梁熙明　严　俊　郭　磊　边　疆
美术总监：刘宏智
美术编辑：刘赤荣

特别鸣谢：刘晶捷（《冠军杯50年》执行主编）
特别支持：傅亚雨　梁利锋　安　然　彭　程　王　宇　付　强　向　波　陈　明
　　　　　滨　岩　唐杨科　李　森　刘　川　楼　坚　王勤伯　缪　缪　田　超
　　　　　张玉强　胡江波　谢　晨　王实刚　黄荣基

作者简介：《体坛周报》，全国发行量前列的体育类报纸。拥有专业体育编辑、记者团队，专业人才遍布全球五大洲。作为中国体育平面媒体集团的领头羊，是全球包括FIFA、FIBA等各大国际体育组织在中国的密切合作伙伴。

序

皇马霸业的底层逻辑是什么？

文 |《体坛周报》

2024年6月1日，皇马2比0战胜多特蒙德，夺得第15个欧冠，这已是第二名AC米兰（7个）的两倍有余。更不可思议的是，从2014年起的11届欧冠，皇马拿到了6个冠军，"胜率"超过一半。此外，还有决赛九连胜的惊人数据。在冠军杯改为冠军联赛、容纳更多精英球队之后，这项赛事的竞争程度明显提升，这让皇马的成功更加难得。那么，皇马为什么能统治欧冠呢？

皇马制霸欧冠的底层逻辑，和拜仁刚被终结的德甲十一连冠、尤文图斯此前意甲九连冠、曼城过去7年拿到6个英超冠军并无本质区别。不管任何球队，想长期统治一个赛事，必须有高收入、高工资，以及良好的管理。

评选皇马欧冠第一功臣，主席弗洛伦蒂诺应该会得到最多的票数。他在皇马两个任期拿了7个欧冠冠军。当然，不能说皇马有了弗洛伦蒂诺才有了本世纪的欧冠冠军，毕竟在2000年他成为主席之前，皇马在前任主席桑斯带领下，已经3年两夺欧冠冠军（1998年和2000年）。弗洛伦蒂诺上台后，一心打造"银河战舰"，但这个思路在成绩上并不成功，因为有太多明星了，导致攻守失衡。2002年拿了一次欧冠冠军后，皇马低迷了很久，2006年，弗洛伦蒂诺黯然下台。

但巨星加入的好处是，在商业上帮助极大。借助齐达内、罗纳尔多、贝克汉姆等先后加盟的效应，皇马全球影响力迅速上升，经过多年努力，逐渐成为欧洲收入最高的俱乐部，这保证他们开得起高工资，养得起明星阵容。

弗洛伦蒂诺2009年第二

个任期一开始，他还是走巨星路线，一口气买下两位金球奖得主——C罗和卡卡。但后来随着梅西和C罗垄断金球奖，加上中东资本搅乱江湖，巴黎圣日耳曼囤积巨星、曼城买入哈兰德等，皇马发现没有什么巨星可买，又不想过度溢价买人，只能引入实力派和新星，这反而帮助了皇马。

皇马从2016年至2018年完成欧冠三连冠时，队中只有C罗一个超巨，贝尔算半个，最近两个欧冠冠军更是一个超巨都没有，只有2022年在队的阿扎尔算是高价买入的巨星球员，结果还没有发挥作用。

皇马抛弃购买巨星路线，成绩却达到高峰，并培养出两个金球奖得主莫德里奇和本泽马，今年又可能捧出一个金球奖得主。同时以卡拉法特为首的球探系统也运转得力，购买的各路新星成才率较高，如巴西的维尼修斯、罗德里戈，乌拉圭的巴尔韦德，法国的卡马文加、楚阿梅尼，土耳其的居莱尔等。

皇马战胜多特蒙德后，前主帅穆里尼奥认为，皇马的成功秘诀在于简单高效的俱乐部架构："皇马非常好的一点是，当一名球员离开时，有时你会想，俱乐部怎么会让他离开呢？但俱乐部总是有原因的，而且总是对的。皇马的结构非常简单。弗洛伦蒂诺、何塞·安赫尔·桑切斯（经理）、首席球探和教练。这是绝对正确的，也是皇马获胜的原因。"

穆里尼奥的话切中要害。当今足坛，主教练负总责的模式已在豪门难觅。但有时总监机制过于繁杂，例如换了新东家的切尔西和曼联，各种头衔五花八门，管事的太多，反而造成决策拖沓、遇事难决。皇马的权力架构简单明晰，弗洛伦蒂诺、桑切斯、卡拉法特、安切洛蒂都是能人，各安其职，焉能不成功？

现在新伯纳乌球场已投入使用，除了票房提升，办演唱会等活动有丰厚回报，曾有数据称，新球场一年可为皇马增收4亿欧元。有了更高的收入，开得起更高的工资（姆巴佩加盟后，皇马一年相关成本就得花上亿欧元），只要皇马保持良好的管理，未来仍然可期。

目录

1	1955/1956	皇马摘取欧冠首冠
12	1956/1957	皇马再度称霸欧洲
24	1957/1958	皇马创三连冠伟业
40	1958/1959	这是最华丽的皇马
52	1959/1960	王炸组合令人胆寒
64	1965/1966	斗转星移王朝更迭
76	1997/1998	皇马结束搁浅岁月
88	1999/2000	新世纪的首个欧冠
100	2001/2002	要从那个男人说起
116	2013/2014	安切洛蒂的BBC
128	2015/2016	齐祖执教力夺首冠
140	2016/2017	皇马实现卫冕神迹
156	2017/2018	欧洲称雄冠军三连
168	2021/2022	"老佛爷"的重建秘籍
180	2023/2024	欧冠之王低开疯走

UEFA

LUBS CHAM
OPÉENS

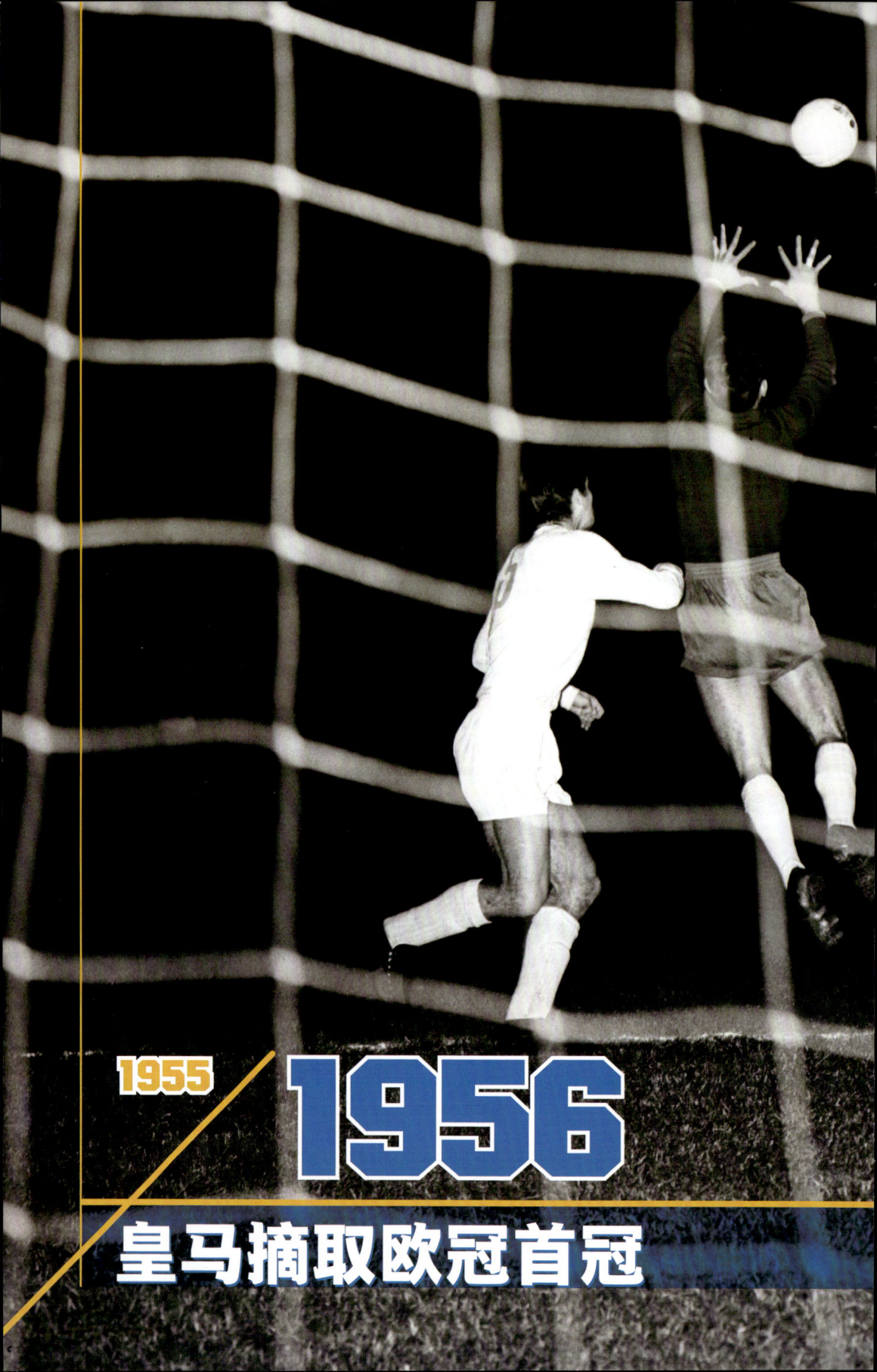

1955 / **1956**
皇马摘取欧冠首冠

第二次世界大战后，足球这项伟大的运动迎来了春天。1956年，由法国足球杂志《队报》主办的欧洲俱乐部赛事"欧洲冠军杯"诞生，从此波澜壮阔的欧洲足球历史有了里程碑式的节点，欧洲俱乐部有了群雄逐鹿的新战场。也是在这一年，皇马在欧冠上的征程拉开了一角。

　　半决赛两回合5比4淘汰AC米兰之后，皇马杀入了首届欧冠的决赛，对手是法国球队兰斯。如今在法甲中游徘徊的球队，在那一年却是毋庸置疑的联赛霸主。那一年的皇马也是兵强马壮，拥有全世界最好的球星迪斯蒂法诺和传奇边锋亨托。

　　也是在这场比赛中，皇马在法国主场面对法国球队，不仅摘取了欧冠首个冠军，之后还带走了兰斯冉冉升起的新星——科帕，当然，这是后话。

　　在巴黎的夜色中，皇马剑指欧冠奖杯。然而，面对科帕领衔的兰斯，这场比赛注定是一场破釜沉舟的鏖战。在自家地盘上兰斯意气风发，10分钟内打入两球。无所不能的阿根廷人为球队扳回一球，随着里亚尔把比分扳平后，冠军的悬念留到了下半场。下半场双方依旧你来我往，打得风生水起，最后皇马以4比3的比分将首个欧冠奖杯带回了马德里。

　　在那时候，没人会想到，这只是伟大征程的一个开始，一个辉煌的时代正在缓缓拉开序幕。

首届欧洲俱乐部冠军杯的揭幕战于1955年9月4日在葡萄牙国家体育场打响，对阵双方是里斯本竞技和南斯拉夫的贝尔格莱德游击队。比赛对抗激烈，拼抢凶狠，不乏激情。现场3万名观众见证了6个精彩的进球，比分定格在3比3。

在第一个赛季的29场比赛中，冠军杯平均每场吸引2.8万名观众到场观战，共打进127个进球，场均4.38个，这是一个后来者难以企及的纪录。

第二回合在贝尔格莱德举行，游击队完全控制场上局面。主队射手米洛什·米卢蒂诺维奇在赛事历史上留下了第一项个人荣誉——一个人打进4球，帮助本队以5比2横扫里斯本竞技，他也成为当届最佳射手。

在1/4决赛中，南斯拉夫人对阵夺冠大热门皇家马德里，西班牙球队在第一轮以两回合2比0和5比0轻松淘汰瑞士的塞尔维特。这场对决颇具政治色彩——在冷战那段岁月，佛朗哥执政的西班牙和铁托领导下的南斯拉夫尚无邦交。于是，法国充当两国之间斡旋的角色，促成游击队赴西班牙首都之旅最终成行。圣诞节这一天，皇家马德里主场伯纳乌球场（当年1月4日由新查马丁球场改称圣地亚哥·伯纳乌球场）涌进10万名球迷，皇马为球迷送上一份圣诞大礼：上半场控制比赛并打进3球，迪斯蒂法诺锦上添花攻进第4球，4比

0，西班牙球队自以为上岸了。

贝尔格莱德的大雪

1956年1月29日，南斯拉夫首都贝尔格莱德被严寒笼罩，第二回合回到主场，南斯拉夫人并不想只走个形式。这是冠军杯历史上第一次伟大的交锋，在这场激烈的对决中，迪斯蒂法诺遇到了旗鼓相当的对手。游击队3次敲开皇家马德里的大门——米卢蒂诺维奇梅开二度，米哈伊洛维奇锦上添花。皇马慌了，拼死要守住两回合仅一球的微弱优势。在最后的总攻中，米卢蒂诺维奇一脚射门，足球滚向球门线，但离球门线不到一米的地方，场地的积雪阻止了足球继续前进。皇马球员筋疲力尽，在返回更衣室的路上，遭到看台上球迷的雪球"伺候"，游击队的博贝克和队友们主动护送对手回到更衣室。这一幕感动了在场的所有人。

说到第一个意外，必须提到那个只参加过一届冠军杯的地区：萨尔（现为德国联邦州）。二战结束后，该地区从德国划出来由法国管辖，1955年全民公决，他们选择回到德国怀抱——公决就在该地区欧冠代表萨尔布吕肯队征战第一场赛事几天前举行。萨尔布吕肯队书写了自己的辉煌，客场以4比3战胜了异常强大的AC米兰。第二回合回到萨尔布吕肯，AC米兰回敬了对手一个4比1雪耻。这次惊魂后，AC米兰凭借诺达尔和斯基亚菲诺的出色表现，以两回合1比1和7比2在1/4决赛淘汰了奥地利的维也纳快速进入半决赛，对手是如日中天的皇家马德里。

在冠军杯创立一年多以前，杯赛创始人之一加布里埃尔·阿诺先生在一篇文章中写道，在那些能够享有"世界最佳俱乐部"头衔的球队中，AC米兰与皇家马德里的名字赫然在列。

现在，他们碰上了。经历了1/4决赛那场著名的贝尔格莱德惊魂，皇马面对红黑军团就不再那么惧怕了。在马德里，米兰率先进球，比分交替上升，1比1……2比2，皇马的阿根廷小将罗克·奥尔森在半场结束前进球，迪斯蒂法诺在第60分钟破门，把比分定格在4比2，为皇马在第一回合确立了两球的领先优势。转战圣

> 兰斯队长容凯（左）和皇马队长穆尼奥斯在决赛开球前交换队旗。本场比赛由英格兰人埃利斯执法。

原声

■《队报》特派记者　　雅克·费朗
1956年6月14日

　　我们的兰斯昨晚遭遇欧洲冠军杯首场失利，也是唯一的失利。这一次他们没有退路，他们和皇马不会再有次回合的较量。西班牙球队把由《队报》颁发的漂亮奖杯带回了马德里。

　　这就是首届欧洲俱乐部赛事的结局：压轴大戏在90分钟内激情上演，数百万观众和听众通过电视、广播收看收听实况转播。当然，那4万名亲临王子公园球场的球迷是幸运儿。

　　在巴黎的夜色下，西班牙球迷挥舞着传统的白手帕，皇马队长米格尔·穆尼奥斯捧起了第一座欧洲俱乐部冠军奖杯。拥有主场优势的兰斯接受了失败的结果。

1955/1956

> 迪斯蒂法诺在决赛中面对兰斯队守门员雅凯冷静施射。

西罗，在仅仅一万多名观众面前，何塞伊托为皇马扩大比分优势，随后，皇马顶住了对方进攻的脚步，最终虽以1比2失利，结果无碍西班牙球队打进决赛。

兰斯人的羽毛

法国足球发明了这项全新的赛事。法国冠军兰斯做客丹麦奥胡斯，悄然开始了冠军杯之旅。凭借莱昂·格罗瓦茨基的两个进球，兰斯凯旋。第二回合在奥古斯特·德劳纳球场不到6000名球迷面前，兰斯像在梦游，第60分钟时以0比2落后，所幸他们最终把比分扳平，以总比分4比2淘汰对手。

1/4决赛在巴黎王子公园球场上演，这座传奇体育场也是当时环法自行车赛的终点。兰斯迎战匈牙利的布达佩斯红旗，该队拥有1954年世界杯亚军匈牙利队的多名成员。

上半场简直是奇观。在科帕率领下，兰斯上半场即以3比1领先，战至第60分钟，比分变成4比1。最后15分钟，匈牙利人依靠兰托什罚入点球扳回一分。但是，做客匈牙利，仅有两个球的优势并不保险。

兰斯主帅巴特在客场出牌高明。匈牙利球队以为兰斯会龟缩防守保住胜果，于是倾巢而出猛烈围攻，但法国球队率

先得分。格罗瓦茨基第6分钟便攻破匈牙利球队的大门。半场结束，比分竟与第一回合惊人一致，3比1。第52分钟，兰斯队扩大领先优势至4比1。布达佩斯红旗已无力回天，他们需要在不到40分钟时间里进5球才能逆转晋级，最终仅仅追了3球，战成4比4。

成功晋级半决赛，兰斯明确其优势在于由科帕和格罗瓦茨基组成的波兰裔双箭头。他们随后在半决赛以两回合2比0和1比0干净利落地淘汰了爱尔兰人，闯入决赛。在晋级决赛前的6场比赛中，一场没输，连皇马也没做到。

1956年6月13日，星期三，整个法国将欧冠决赛视为头等大事，卖电视机的商家把打开的电视机摆放在橱窗里招徕顾客。决赛门票如此抢手，补票的人足以填满巴西里约热内卢的马拉卡纳体育场，但巴黎王子公园球场只有4万个座位。

科帕威胁未来东家

兰斯明白，皇马会在中路重兵布防。巴特把进攻重任委以两名边锋伊达尔戈（法国未来主教练）和坦普兰，以便中路的科帕发挥空中优势。决赛围绕这位法国球星展开。值得一提的是，随后的赛季，科帕便加盟了决赛对手皇马。

在主场球迷狂热的助威声中，兰斯迫使西班牙球队龟缩门前防守。第6分钟，勒布隆接科帕开出角球，头槌为兰斯首开纪录。4分钟后，又是勒布隆，他和布利亚尔联袂发动快速反击，由坦普兰完成致命一击，2比0，比赛才打了10分钟。随后，布利亚尔错失了一次把比分改写为3比0的绝好机会。第14分钟，迪斯蒂法诺打进了一个速度角度俱佳的进球，他用超人的战术智慧改变了比赛的进程。

里亚尔在第30分钟进球为

夏日记事

● 伯纳乌的"拿破仑"

夏天，皇马从兰斯签下科帕（下图）。当这位有着"绿茵场上的拿破仑"美誉的法国球星抵达马德里巴拉哈斯机场时，整个西班牙都为之景仰。伯纳乌球场迎来了新偶像。科帕的加盟赶上了好时机，恰在1953年夏天，西班牙国家体委取消了签约外籍球员的禁令。

● 雷米特离世

1928年奥运会结束后，国际足联召开代表大会，一致通过决议，举办四年一次的世界足球大赛。最初，大赛奖杯称为"世界杯"。1946年，国际足联决定将其易名为"雷米特杯"，以表彰国际足联主席、法国人雷米特为足球运动所做出的贡献。雷米特担任国际足联主席33年（1921—1954），是世界杯发起者和组织者。1956年10月19日，雷米特与世长辞。

1955/1956

这是皇家马德里五连冠中的第一座奖杯。

皇马扳平比分。上半场即将结束时，亨托射门极具威胁，击中了雅凯把守的兰斯队门框。法国球队继续抵抗，并在第62分钟再次领先，伊达尔戈接科帕开出任意球破门，3比2。然而，皇家马德里和迪斯蒂法诺对比赛的支配并未改变。皇马倾巢而出，不出意外地扭转了不利形势。第67分钟，后卫马基托斯为他们二度扳平，第79分钟，里亚尔打进决定一球，把皇家马德里推向了欧洲之巅。

全景

冠军杯奖杯

冠军杯是一座银质奖杯，造型灵感来源于希腊的双耳瓶罐。这座日后被欧洲豪门追求的奖杯高50.5厘米，重10千克。按照组织者最初设想，奖杯不会归某一家俱乐部永久所有，当年获得这座奖杯的俱乐部只能将它保管一年，然后将其交还，颁给下一届冠军得主。这座奖杯在各届冠军之间相传，直至1967年。

第一场冠军杯比赛的球场

冠军杯揭幕战在里斯本竞技与贝尔格莱德游击队之间举行。当时由于里斯本竞技主场阿尔瓦拉德球场正在施工，比赛被搬到国家球场进行。该球场位于里斯本风景如画的亚摩尔山谷地区。两队没有辜负环绕球场的美丽风景，以3比3的高比分为冠军杯历史谱写了完美开局。

穆尼奥斯举起第一座奖杯

作为当时的皇马队长，穆尼奥斯在决赛4比3战胜兰斯后，第一次举起冠军杯奖杯。目睹这一历史性时刻者，有时任欧足联主席施瓦茨、西班牙驻法国大使以及卡萨斯罗哈斯伯爵。皇马主席伯纳乌先生也带着满意的微笑，欣赏自家队长在艳羡的人群前高举奖杯的一幕。

一票难求

冠军杯诞生之初，国际足联和欧洲足联都怀疑新生赛事的生命力。很快，怀疑和顾虑烟消云散。根据官方数字，皇马与兰斯的决赛，共吸引38239名球迷现场观战，这个上座人数相当了不起。赛前，得到一张门票成了球迷的奢望。

冰冻的地狱

八强战，皇马次回合做客贝尔格莱德。由于大雪，比赛一度可能推迟。时任皇马主席伯纳乌先生思考后，还是决定照常进行。他既不愿球队再次奔波，也不想因为比赛被推迟而致艰难起步的冠军杯平添困难。在结冰的场地上，皇马将士艰难迎战，最终0比3不敌游击队。皇马前锋里亚尔还由于地滑站不稳，射失点球。

冠军杯第一球

冠军杯揭幕战也见证冠军杯第一球的诞生。第14分钟，里斯本竞技前锋马丁斯先声夺人。此前，这位葡萄牙前锋已在本国联赛荣膺最佳射手。这个进球也让游击队门将斯托扬诺维奇成为冠军杯历史上，第一位从球门线后捡出足球的人。

第一个被罚下的倒霉蛋

当时红黄牌还没有诞生，比赛中，裁判可在自认合适公正情况下，将球员罚出球场。里斯本竞技迎战贝尔格莱德游击队一役，米卢蒂诺维奇在疑似越位位置上将比分反超2比1，里斯本竞技后卫加拉斯大怒，朝裁判大声抗议。当值主裁法国人阿尔季奇毫不犹豫，将失态的加拉斯罚下。

皇家接待

赴日内瓦挑战塞尔维特赛前，即将出征的皇马将帅在王宫谒见王室成员。王后维多利亚在王储巴塞罗那伯爵暨阿斯图里亚斯亲王胡安·卡洛斯陪同下与全队合影。当时年仅17岁的胡安·卡洛斯，20年后登基加冕。接见中，王储与皇马将士谈笑风生。皇马深沐皇恩，在西班牙国内引起巨大反响。

胜利的预兆

与兰斯的决赛开始前，皇马球员惬意在巴黎街头漫步，还在凯旋门前留影。凯旋之后，这个场景被媒体称为"幸福的吉兆"。

盛事直播

当时，电视在西班牙尚未普及。不过在一些欧洲发达国家，它已成为人们生活的组成部分。这届冠军杯决赛中，电视转播也成为新闻。众多无法入场观战的球迷，在屏幕上欣赏了一场精彩的比赛。

16强战图

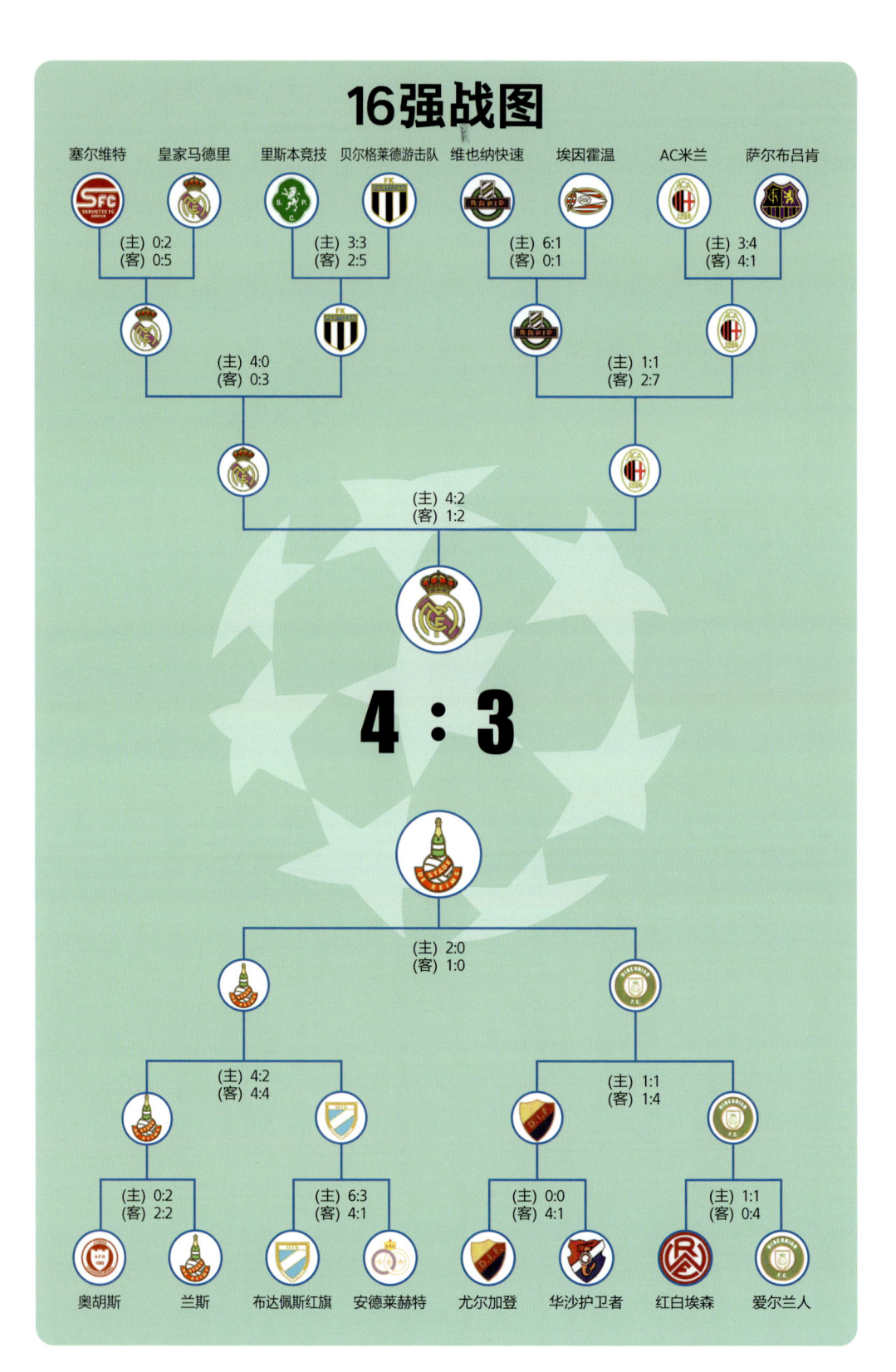

塞尔维特　皇家马德里　里斯本竞技　贝尔格莱德游击队　维也纳快速　埃因霍温　AC米兰　萨尔布吕肯

(主) 0:2　　　　　(主) 3:3　　　　　(主) 6:1　　　　　(主) 3:4
(客) 0:5　　　　　(客) 2:5　　　　　(客) 0:1　　　　　(客) 4:1

(主) 4:0　　　　　　　　　　　　　　(主) 1:1
(客) 0:3　　　　　　　　　　　　　　(客) 2:7

(主) 4:2
(客) 1:2

4 : 3

(主) 2:0
(客) 1:0

(主) 4:2　　　　　　　　　　　　　　(主) 1:1
(客) 4:4　　　　　　　　　　　　　　(客) 1:4

(主) 0:2　　　　　(主) 6:3　　　　　(主) 0:0　　　　　(主) 1:1
(客) 2:2　　　　　(客) 4:1　　　　　(客) 4:1　　　　　(客) 0:4

奥胡斯　兰斯　布达佩斯红旗　安德莱赫特　尤尔加登　华沙护卫者　红白埃森　爱尔兰人

决赛

1956.6.13-巴黎王子公园球场　　　　　　　　　　　　　主裁判：E.埃利斯（英格兰）

4 : 3

皇家马德里 (325)			兰斯 (325)
阿隆索	门将	门将	雅凯
阿蒂恩萨	后卫	后卫	齐姆尼
马基托斯			容凯
莱斯梅斯			希劳多
穆尼奥斯	中场	中场	勒布隆
萨拉加			夏特卡
何塞伊托	前锋	前锋	伊达尔戈
马萨尔			格罗瓦茨基
迪斯蒂法诺			科帕
里亚尔			布利亚尔
亨托			坦普兰

进球

	0:1	勒布隆 6'
	0:2	坦普兰 10'
14' 迪斯蒂法诺	1:2	
30' 里亚尔	2:2	
	2:3	伊达尔戈 62'
67' 马基托斯	3:3	
79' 里亚尔	4:3	

射手榜

1	米洛什·米卢蒂诺维奇（游击队）	8球	里亚尔（皇马）	5球
2	格罗瓦茨基（兰斯）	6球	7 兰托什（布达佩斯红旗）	4球
	保洛塔什（布达佩斯红旗）	6球	诺达尔（AC米兰）	4球
4	布利亚尔（兰斯）	5球	勒布隆（兰斯）	4球
	迪斯蒂法诺（皇马）	5球		

1955/1956

1956-1957 ≫

1956 / 1957
皇马再度称霸欧洲

时间辗转，1957年，欧冠已经缓缓走过了两个年头。随着时间的推移，欧冠赛事的成熟度和知名度越来越高。那支由"红魔之父"巴斯比爵士一手打造的曼联冲破英足总阻拦，也在这一年加入了欧冠战场。

这一年，"法兰西魔术师"科帕来到了皇家马德里，开启了自己的白衣岁月。可以说这一年的皇马锋线群星闪耀，接近完美，坐拥迪斯蒂法诺和科帕两大王牌的皇马在欧洲攻城拔寨。由于迪斯蒂法诺的存在，这一年初入皇马的法国人只能被安排在右边锋位置，当然，科帕依然是一把令欧洲后卫闻风丧胆的嗜血尖刀。

如此，皇家马德里开始了自己艰难的卫冕之路。淘汰赛首轮比赛，维也纳就给皇马制造了巨大的麻烦，凭借最后20分钟迪斯蒂法诺的梅开二度，皇马艰难挺进下一回合。第二回合，凭借哈佩尔的帽子戏法，维也纳再次扼住了皇马的咽喉。又是无所不能的迪斯蒂法诺，凭借一个进球将悬念拉入附加赛。附加赛中科帕初打入一个进球，最后皇马以2比0的比分昂首进入下一轮。随后八强赛中，皇马轻取尼斯，与巴斯比的曼联会师半决赛。首回合，皇马坐镇主场3比1取胜，第二回合双方僵持良久，在曼联的顽强抵抗下，比分来到了2比2。

距离卫冕的梦想又近了一步，决赛回到了自己家的地盘——伯纳乌，凭借迪斯蒂法诺的点球和亨托的进球，皇马在家门口再度捧起了欧冠奖杯。

从第二届起，冠军杯开始扩军，共有22个国家和地区的球队参加。他们当中，终于出现英格兰冠军曼联的名字。这支由苏格兰人马特·巴斯比一手塑造的年轻球队大有君临英伦之势。

邓肯·爱德华兹是这批"巴斯比宝贝"中最被看好的希望之星。18岁时，他已代表英格兰上演处子秀。他与汤米·泰勒、博比·查尔顿、丹尼斯·维奥莱特和利亚姆·惠兰是曼联的得力干将。

曼联夺得1955/1956赛季联赛冠军，并在随后一个赛季卫冕。曼联在欧洲赛场首次亮相便光芒四射，两回合以2比0和10比0，秋风扫落叶一般击溃比利时冠军安德莱赫特。在缅因路球场，泰勒上演帽子戏法，维奥莱特更打进四球！接着，曼联艰难淘汰难缠的多特蒙德，两回合比分3比2和0比0。

匈牙利人的流亡

另一支令人期待的球队是匈牙利的布达佩斯爱国者。这支球队隶属于匈牙利陆军，打法赏心悦目，克隆了当时匈牙利国家队的革命性打法，阵中拥有一批国脚，如柯奇士（1954年世界杯最佳射手）、普斯卡什、博日克和齐博尔。这些人参与了1953年对英格兰那场6比3历史性大捷，在伦敦温布利大球场，匈牙利成为第一支在英格兰本土战胜三狮军团的欧洲大陆球队，他们也经历了1954年世界杯决赛负于联邦德国的沮丧和痛苦。爱国者有能力撼动欧洲新科状元皇家马德里的霸主地位。

我们还须考虑政治风云带来的影响。1956年11月4日，苏军坦克开进布达佩斯，镇压暴动。14日，暴动被平息，大批市民被捕，成千上万的人丧命。

一条爆炸性消息传来：遇难者中有匈牙利队长普斯卡什的名字。当然，这是个假新闻。

当时爱国者队正在西班牙打客场，队中气氛凝重。球员们都在自问：要不要回国？当时事态发展已超越足球范畴，想晋级八强，首先需要打好在毕尔巴鄂的这场比赛。巴斯克球队在上半场两球领先，熬过艰难的头45分钟后，爱国者顽强地扳回两球，终以2比3的微弱差距告负。

次回合本拟一个月以后进行。匈牙利足协命令球员（全有军籍）回国，球队却抗命留在西欧，四处流浪。在马德里、巴塞罗那、米兰和罗马，匈牙利球队打了多场表演赛，吸引众多球迷前来捧场，其中与皇家马德里的比赛打成3比3。最终，对毕尔巴鄂的第二回合比赛定在比利时首都布鲁塞尔。爱国者走背字，门将伊斯特凡·法拉高受伤，齐博尔不得不站到门前客串门将。1比3落后，匈牙利人绝望了，他们拼尽全力，在最后几分钟由普斯卡什和柯奇士追回两球，但也只扳为3比3，总比分5比6被淘汰，就这样结束了自己的欧冠之旅。

爱国者队被国际足联禁赛，赴南美洲辗转数月。次年2月重回欧洲，普斯卡什、柯奇士和齐博尔宣布：不回匈牙利。就这样，他们开始流亡海外。他们绝没有想到自己还会亲历冠军杯的伟大时刻：普斯卡什在皇家马德里，柯奇士和齐博尔则在巴塞罗那。

与此同时，在已经入籍西班牙的迪斯蒂法诺率领下，皇

1956/1957

15

家马德里捍卫了作为欧洲霸主的荣誉。他们的卫冕之路起步艰难,首轮(16强)遭到维也纳快速顽强抵抗。在马德里,开场20分钟迪斯蒂法诺梅开二度,最后奥地利球队仅以2比4败阵。回访维也纳,严寒中皇马一度陷入出局的险境——恩斯特·哈佩尔上演帽子戏法,维也纳快速3比0领先易边。皇马主席圣地亚哥·伯纳乌事后说:"这张比赛上半场是我所经历最艰难,也是最痛苦的45分钟。"

救世主迪斯蒂法诺

迪斯蒂法诺又一次扮演救星的角色。虽然球队以1比3

1956/1957

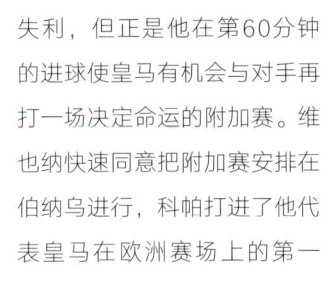

> 半决赛第一回合，马德里，汤米·泰勒为曼联打入留住希望的一球。他们以1比3负于皇家马德里。

> 皇家马德里队长穆尼奥斯（左）从西班牙独裁者佛朗哥将军手中接过冠军杯。

失利，但正是他在第60分钟的进球使皇马有机会与对手再打一场决定命运的附加赛。维也纳快速同意把附加赛安排在伯纳乌进行，科帕打进了他代表皇马在欧洲赛场上的第一球，皇马以2比0奏凯晋级。

8强战，科帕面对同胞球队——尼斯。法甲冠军的打法带着鲜明的南美风格，阵中拥有阿尔伯托·穆罗、鲁本·布拉沃和塞萨·冈萨雷斯等多名阿根廷外援。尼斯在首轮也打了一场附加赛，在巴黎以3比1淘汰格拉斯哥流浪者挺进8强。皇马实力明显更胜一筹，以两回合3比0和3比2把尼斯挡在半决赛之外。

皇马和曼联在半决赛相遇了。首回合在伯纳乌，英格兰球队抵抗了60多分钟，终无法阻止主队3比1胜出。英国媒体反响强烈，谴责皇马防守曼联动作粗野。在令人窒息气氛中，皇马做客老特拉福德遭英国人以牙还牙。与上季在贝尔格莱德一样，皇马毕竟技高一筹，众星会演有如在地狱中点燃火把，科帕（第25分钟）和里亚尔（第33分钟）的进球扩大了总比分优势。

"巴斯比宝贝"并没有缴械投降。泰勒第62分钟的进

17

球缩小了比分差距，比赛达到白热化。2比2，博比·查尔顿终于在第87分钟为本队扳平，但为时已晚。虽败犹荣，曼联拥有美好的前程。

给意大利人上课

皇马现在可以实现卫冕梦想了——这一次是在家门口，他们迎来了佛罗伦萨。

谨慎的意大利冠军先后淘汰了瑞典的北雪平和瑞士的苏

原声

■《队报》特派记　雅克·费朗
1957年5月31日

起初，佛朗哥将军并没有鼓掌，西班牙光头元首一身灰色西装坐在主席台前排。比赛进行了70分钟，皇家马德里才靠点球打破僵局。佛朗哥转向旁边的人撇了撇嘴，像是在说："这个进球毫无争议，胜利不成问题了，但让人等得太久，我并不满意。"

西班牙球迷可没这么苛刻。伯纳乌球场四层看台爆满，球迷们沸腾了。12.5万人站着看完整场比赛，在那一瞬间释放焦虑，兴奋地呐喊，狂舞手中的手帕。

佛朗哥也有道理。人们认为皇马本应上半场就轻松拿下比赛，然而却让悬念拖了很长时间才揭晓。

皇马打进第一球后，球员不再紧张。很快，亨托打进锁定胜局的第二球，把一场艰难的搏斗转化为真正的成功。这一次，佛朗哥鼓掌了。

黎世草蜢。在半决赛，他们又越过了南斯拉夫贝尔格莱德红星这座大山。

佛罗伦萨的防守异常坚固，前卫线的适时回收加强了防守，前锋在防守反击中扮演着重要的角色，巴西人儒利尼奥个人能力出众。

11个人面对12.5万人，意大利人在伯纳乌顽强而有效地抵抗着。面对钢筋水泥般的意大利式防守，皇马球星渐渐失去耐心，只有亨托的发挥还算正常。

科帕担心第二次与冠军擦肩而过，正是他在第70分钟帮助球队打破僵局。他送出一记妙传撕开对手的防线，马特奥斯接球杀入禁区直面门将，佛罗伦萨后卫马尼尼不得已将他放倒。

荷兰裁判直指点球点，意大利人怒了，助理裁判已举旗示意马特奥斯接球前越位，但霍恩先生不为所动。迪斯蒂法诺操刀，一蹴而就，将其个人欧冠进球纪录增至11个。

6分钟后，科帕再次策动攻势，他妙传左路插上的亨托。作为当时世界最佳左边锋，亨托决赛中发挥最为出色。他骗过对手整条防线，打进锁定胜局的一球。2比0，皇马给意大利冠军上了实用主义的一课，太了不起了！

夏日记事

● **重量级签约**

两夺冠军杯，人们指责球队后防薄弱仍刺激着皇马高层。为此，俱乐部签来了乌拉圭著名后卫圣马里亚。与此同时，放走了前锋诺达尔的AC米兰也在阿根廷找到了当时的世界最佳前锋格里洛（下图）。

● **诺坎普亮相**

巴塞罗那之前的主场，大教堂球场能容6万人，球会认为容量不够，遂决定在附近买下地皮兴建新球场。1954年，诺坎普球场工程动工。1957年9月24日，巴萨俱乐部搬进新球场，在此与欧洲群雄竞技。

1956/1957

全景

英国元素

首届冠军杯充满拉丁风味，本届赛事人们终于看到英国元素，巴斯比执教的曼联代表英格兰参赛。红魔的第一场欧冠客场2比0轻取安德莱赫特。第二回合因老特拉福德翻新扩建，移师缅因路球场，曼联狂胜10比0。

圣马梅斯的普斯卡什

1956年10月23日，布达佩斯爱国者出发开始欧洲之旅，按计划先在德国打两场，再与巴黎竞技打一场。11月7日，爱国者首回合对垒毕尔巴鄂竞技，苏联入侵匈牙利的消息让正在维也纳的球员大吃一惊，与毕尔巴鄂竞技的首回合比赛也被推迟到11月22日。比赛中，以普斯卡什为首的队员们臂缠黑纱，最终2比3惜败。

雪上表演

1/4决赛首回合，毕尔巴鄂竞技在白雪覆盖的圣马梅斯球场迎战曼联。双方大打攻势足球。毕尔巴鄂竞技的上半场堪称完美，"雄狮"最终5比3胜出。次回合因老特拉福德翻新未臻，曼联继续在同城死敌曼城的主场缅因路应战，3比0翻盘。

伯纳乌见证第二冠

皇马与佛罗伦萨的决赛在更名为伯纳乌的球场进行。意大利球队防守层次清晰，荷兰主裁判霍恩第68分钟时将佛罗伦萨队员禁区线上对马特奥斯的犯规判为点球，迪斯蒂法诺一蹴而就。亨托随后锁定胜局，皇马在家门口蝉联冠军。赛后，迪斯蒂法诺举起奖杯绕场与球迷同庆。

科隆纳一展身手

尼斯队无疑是本届最大黑马。首轮淘汰了格拉斯哥流浪者，该队门将科隆纳功不可没，他身材不高却反应敏捷，屡次挡出对方射门。

第一次"圣地亚哥式动员"

第一轮首回合，皇马4比2大胜维也纳快速。中场休息时，皇马主席伯纳乌亲临更衣室鼓劲，著名的"圣地亚哥动员"传为佳话。次回合，哈佩尔的帽子戏法助维也纳快速3比1获胜，择日重赛。快速当时手头拮据，皇马及时伸出援手，邀请他们去马德里打附加赛，最终，皇马2比0胜出。

一位豪华的巴西人

本届欧冠，巴西右翼儒利尼奥是佛罗伦萨阵中名气最大的球星，他参加了1954年世界杯，以其惊人的盘带天赋和进球效率，赢得无数佛罗伦萨球迷的心。回到巴西后，儒利尼奥还在一场和英格兰的热身中将加林查挤到了替补席。

送给曼联的丰收女神像

半决赛第一回合，皇马主场3比1击败曼联。第二回合开始前，两队会餐，皇马赠送曼联一座丰收女神的银像。先礼后兵，巴斯比警告皇马，他们将在翻新后的老特拉福德遭遇一种截然不同的敌对气氛。曼联主帅自信满满，相信球队有实力扳回两球。曼联只与皇马2比2言和。

1956/1957

16强战图

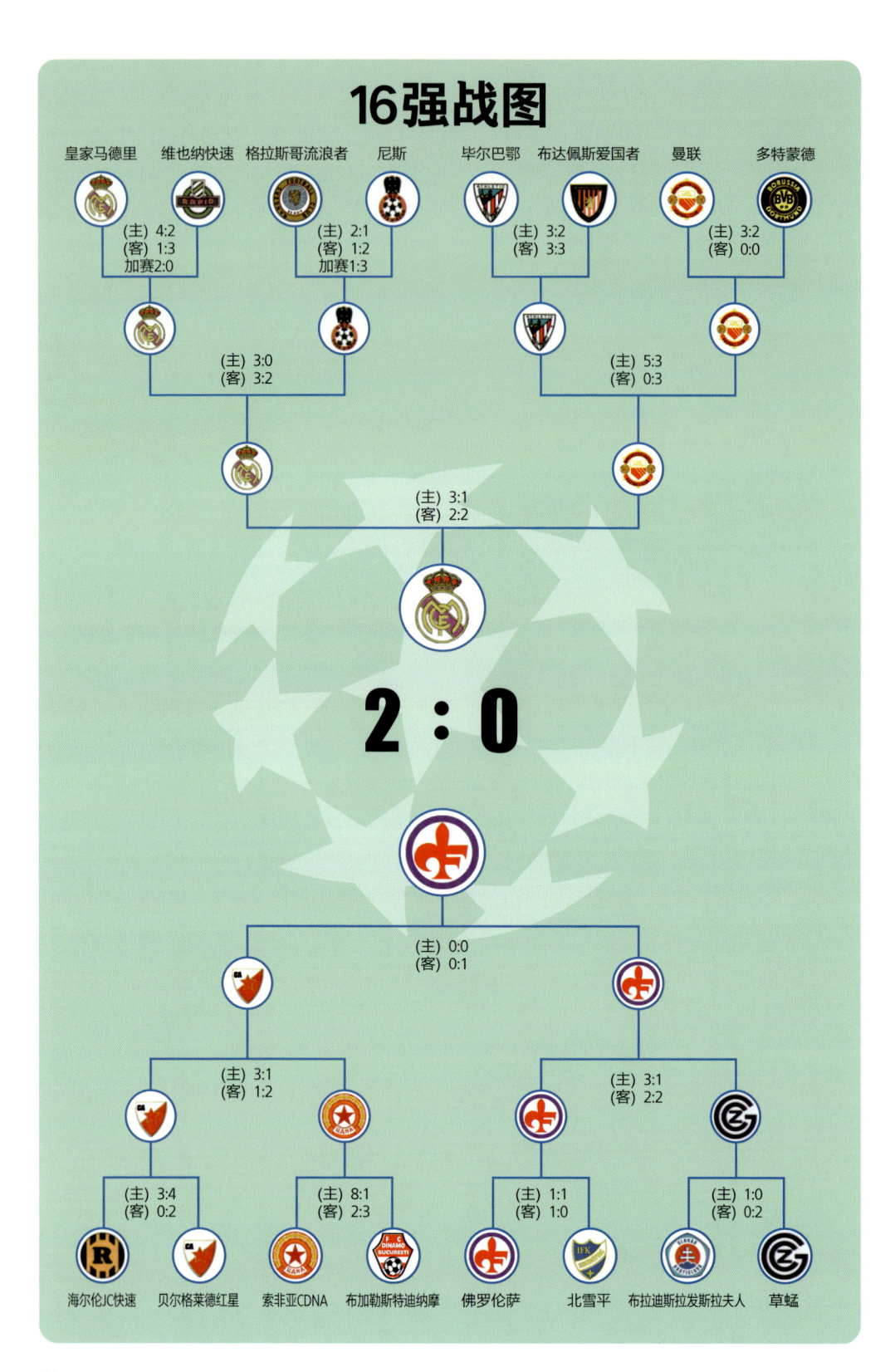

上半区:
- 皇家马德里 vs 维也纳快速：(主) 4:2　(客) 1:3　加赛 2:0 → 皇家马德里
- 格拉斯哥流浪者 vs 尼斯：(主) 2:1　(客) 1:2　加赛 1:3 → 尼斯
- 皇家马德里 vs 尼斯：(主) 3:0　(客) 3:2 → 皇家马德里
- 毕尔巴鄂 vs 布达佩斯爱国者：(主) 3:2　(客) 3:3 → 毕尔巴鄂
- 曼联 vs 多特蒙德：(主) 3:2　(客) 0:0 → 曼联
- 毕尔巴鄂 vs 曼联：(主) 5:3　(客) 0:3 → 曼联
- 皇家马德里 vs 曼联：(主) 3:1　(客) 2:2 → 皇家马德里

决赛：皇家马德里 2:0 佛罗伦萨

半决赛：(主) 0:0　(客) 0:1

下半区:
- 海尔伦JC快速 vs 贝尔格莱德红星：(主) 3:4　(客) 0:2 → 贝尔格莱德红星
- 索非亚CDNA vs 布加勒斯特迪纳摩：(主) 8:1　(客) 2:3 → 索非亚CDNA
- 贝尔格莱德红星 vs 索非亚CDNA：(主) 3:1　(客) 1:2 → 贝尔格莱德红星
- 佛罗伦萨 vs 北雪平：(主) 1:1　(客) 1:0 → 佛罗伦萨
- 布拉迪斯拉发斯拉夫人 vs 草蜢：(主) 1:0　(客) 0:2 → 草蜢
- 佛罗伦萨 vs 草蜢：(主) 3:1　(客) 2:2 → 佛罗伦萨

22

决赛

1957.5.30-马德里伯纳乌球场　　　　　　　　　　　　　　　　　主裁判：S.霍恩（荷兰）

2 : 0

皇家马德里			佛罗伦萨
(325)			(325)
阿隆索	门将	门将	萨尔蒂
曼努埃尔·托雷斯	后卫	后卫	马尼尼
马基托斯			奥尔赞
莱斯梅斯			切尔瓦托
穆尼奥斯	中场	中场	斯卡拉穆奇
萨拉加			塞加托
科帕	前锋	前锋	儒利尼奥
马特奥斯			格拉通
迪斯蒂法诺			维尔吉利
里亚尔			蒙图奥利
亨托			比扎里

进球
70' 迪斯蒂法诺　　　　　　　1:0
76' 亨托　　　　　　　　　　2:0

射手榜

1 维奥莱特（曼联）	9球	富瓦（尼斯）　　　　　　　5球
2 泰勒（曼联）	8球	科斯蒂奇（贝尔格莱德红星）　5球
3 迪斯蒂法诺（皇马）	7球	8 科列夫（索非亚CDNA）　　4球
4 普赖斯勒（多特蒙德）	6球	费弗尔（尼斯）　　　　　　4球
5 阿特切（毕尔巴鄂）	5球	

1956/1957

1957-1958 >>

1957 / **1958**

皇马创三连冠伟业

贝尔格莱德，空难发生前20多小时：（从左到右）邓肯·爱德华兹、艾迪·科尔曼、马克·琼斯、肯·摩根斯、博比·查尔顿、丹尼斯·维奥莱特、汤米·泰勒、比尔·福克斯、哈里·格雷格、阿伯特·斯坎隆和罗杰·拜恩。

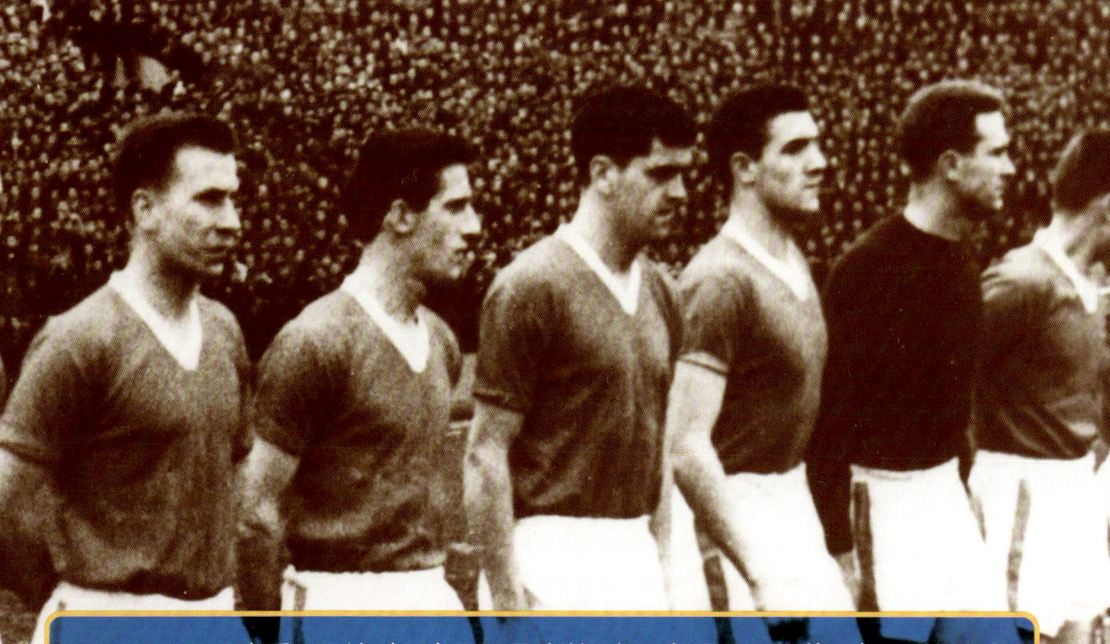

1957/1958赛季，无论对于皇马还是欧洲足坛，都是不平凡的一年。时间匆匆而过，一切都在有条不紊地进行着。

这一赛季，强大如斯的皇马进一步凑齐自己的冠军拼图，白衣军团迎来了这个时代最好的中后卫——乌拉圭中卫桑塔玛利亚。由于人员的增补，皇马攻守两端堪称完美，科帕、迪斯蒂法诺、亨托在前方攻城拔寨，在桑塔玛利亚坐镇下，后防线固若金汤。也是这一赛季，阿根廷教头卡尼利亚入主皇马。在这位前博卡前锋的带领下，白衣军团开始大打华丽足球。

欧冠赛场上，首轮比赛，皇马在两回合比赛中分别以2比1、6比1的比分大胜比利时冠军安特卫普。四分之一决赛中皇马与塞维利亚上演西班牙内战，首回合皇马让塞维利亚人尝到了地狱的滋味。在伯纳乌皇马以8比0的比分将塞维利亚彻底击溃，第二回合在塞维利亚的大雪中，皇马踩着塞维利亚的肩膀昂首挺进了4强。

此后，迪斯蒂法诺用脚尖的魔法淘汰了布达佩斯沃绍什，与AC米兰会师决赛。在新建成的原子塔的注视下，布鲁塞尔海瑟尔球场的球迷迎来了连续第三次进入决赛的皇马，它的对手是由马尔蒂尼领衔的AC米兰。90分钟的比赛，AC米兰两度领先，却又两度被皇马扳平。在加时赛中，亨托彻底主宰了比赛，用进球击溃了AC米兰夺冠的梦想。皇马完成了三连冠的伟业，彻底确立了在20世纪50年代的统治地位。

然而，这一切远未结束，因为在这个夏天，一个大腹便便却让整个欧洲后卫绝望的前少校军衔球员——普斯卡什，走进了伯纳乌。

悲剧发生前一晚，才华横溢，朝气蓬勃的英格兰冠军又一次展现强大实力。8强战次回合，"巴斯比宝贝"给拥有米蒂奇和塞库拉拉茨等球星的贝尔格莱德红星好好上了一课。丹·维奥莱特打进一球，博比·查尔顿梅开二度，曼联半场结束前早早取得了3球领先，这是巴斯比手下这帮孩子转变为巨星的信号。这是场令他们自豪的比赛，一流门将哈里·格雷格的表现配得上身价最高球员的称号。他以23500英镑从唐卡斯特加盟曼联，刷新当时世界足坛转会费纪录。

不出所料，曼联在下半时经受了南斯拉夫球队的疯狂反扑，红星最终扳成3比3。不过曼联还是靠此前主场小胜2比1，以一球优势淘汰对手昂首挺进半决赛。欧洲都在说："显然，若问谁会对两届冠军杯得主皇马卫冕是个威胁，一定要到老特拉福德去看看。"

第二天，曼联将帅、部分球队职员和一些随队记者登上BEA航空公司的双引擎飞机——伊丽莎白Class GALZUAS57返航。这架飞机将载着他们和梦想飞回英格兰。那天风雪很大，飞机在慕尼黑停留兼加油。飞行员詹姆斯·泰恩和肯纳斯·雷蒙特两次起飞都不成功。第三次起飞，飞机坠毁在跑道尽头，撞毁了一幢民房，时钟定格在

1958年2月6日15时04分。

邓肯·爱德华兹未能幸免

43名乘客中有23人当场遇难,包括7名曼联球员,他们是杰夫·本特(25岁)、罗杰·拜恩(29岁,代表英格兰出场33次)、艾迪·科尔曼(21岁)、马克·琼斯(24岁)、大卫·佩格(22岁,代表英格兰出场1次)、汤米·泰勒(26岁,代表英格兰出场19次)和利亚姆·惠兰(22岁,4次代表爱尔兰出场)。另一个大家熟知的遇难者是已转行成为记者的弗兰克·斯威夫特,他是战后第一位担任英格兰队长的门将。

第8个罹难的曼联球员是邓肯·爱德华兹(21岁,为英格兰队出场18次),他是曼联队中最有才华和天赋的新秀,一个出色的左前卫,16岁即职业首秀,也是英格兰队史上最年轻的国脚。抗争了两周后,他最终还是没能逃过死神的魔爪,于2月21日撒手人寰。

在坠机现场,北爱尔兰门将格雷格毫发无损,他救起了一个小女孩,然后与同样死里逃生的维奥莱特一起转移到大雪覆盖的停机坪上,博比·查尔顿留医多日后也告痊愈。至于主教练巴斯比,外科医生毛勒全力救治,把他从鬼门关拉了回来。几周后,当他出现在公众面前时,老特拉福德的球迷齐声为他喝彩。

空难发生后,悲痛之情弥漫欧洲,各地追随曼彻斯特,取消了足球比赛。老特拉福德球场墙外的挂钟被永远定格在那一时刻,提醒后人悲剧发生的时间。

两周后,曼联迎来劫后余生的第一场比赛——2月19日开始的足总杯。巴斯比的助手吉米·墨菲(两人战前相识,战后联袂执掌曼联)代庖指

◐ 曼联主教练巴斯比被毛勒医生抢救了过来。

挥，俱乐部从布莱克浦和阿斯顿维拉分别租来了厄恩斯特·泰勒和斯坦·克劳瑟。在悲痛和怀念交织的气氛中，曼联3比0大胜谢菲尔德星期三，生活和足球重新回到了轨道，仿佛一切不曾发生过。

尽管遭受重大伤亡，曼联还是打进了足总杯决赛，但在温布利0比2不敌博尔顿。从没有哪个冠军在这样一场伟大的比赛中得到如此零落的欢呼。

足总杯决赛失利后，曼联梦想在米兰身上取得冠军杯的胜利。在老特拉福德，曼联依靠第80分钟厄恩斯特·泰勒罚入点球以2比1取胜。对于"极刑"，米兰强烈抗议，切萨雷·马尔蒂尼对维奥莱特的犯规并不明显。

回到圣西罗，红黑军团在8万球迷面前回敬了曼联一个4比1。斯基亚菲诺梅开二度、利德霍尔姆和达诺瓦锦上添花，为"巴斯比宝贝"的悲情之旅画上句号。

皇家马德里最艰难的卫冕之路

为争取三连冠，亨托与队友一路克服艰难险阻，决赛通过加时才以3比2险胜意大利豪门AC米兰。

荣誉榜有时可以反映事实，但有时也掩盖真相。多年以后，回头再看皇马在1958年取得的荣誉，我们相信他们值得无数喝彩：西甲卫冕，五年中第四个联赛冠军，赛季主场不败；欧冠冠军，囊括赛事创立3年来的奖杯，7场比赛打进27个球。战绩彪炳！

其实豪华战舰也遇到过颠簸。1958年年初，危机正在酝酿，体育媒体反应过激，批评起来添油加醋。理由很简单：皇家马德里暂时不是最好的，国内联赛，皇马被两个死敌——同城对手马德里竞技和加泰罗尼亚地区的巴塞罗那在积分榜超越。

塞维利亚输得体无完肤

8强战首回合，马德里城迎来关键战役——对阵塞维利亚。皇马不应再怀念闲庭信步一般的首轮赛事——以

原声

■《队报》特派记者　加布里埃尔·阿诺
1958年5月29日

欧洲冠军杯决赛当然是在两支欧洲俱乐部之间进行，但我们仿佛被带到南美，南美足球是如此出神入化、如此精湛雄伟，我们以前从未见识过。一场对决充满阿根廷的节奏、韵律和风格。

比赛的大部分时间里，球迷们也感到吃惊和困惑。他们准备为决赛疯狂，但比赛节奏与他们期望的相反。两支球队久久保持谨慎，耐心寻找时机，计算每次攻防得失，都害怕失球。我们难怪感觉比赛节奏很慢，一些球迷嘘声大作表达不满。幸运的是，从下半场后半段开始，在梅花间竹般进球的刺激下，气氛达到白热化，球迷们看到了希望中的场面。双方各有3名南美球员，他们也是各自的领军人物——皇马的迪斯蒂法诺、里亚尔和圣马里亚，AC米兰的斯基亚菲诺、格利洛和库基里罗尼。这六人促成了最后阶段的4个进球，这是南美人的杰作。

1957/1958

两回合2比1和6比1轻松击退比利时冠军安特卫普。西班牙"内战"前夜发生罕见的一幕：圣地亚哥·伯纳乌主席亲临球队下榻的菲利普二世酒店，为队员们鼓劲。他激励球员："全世界球迷的目光都盯着你们，你们有能力把所有的批评和失望一扫而光。现在，我更希望看到你们微笑。"

第二天，在8万冻得瑟瑟发抖的球迷面前，塞维利亚人发现自己进了地狱。皇家马德里爆发了，上半场就2比0领先。塞维利亚人奋起还击，皇马以牙还牙。平时一向温文尔雅的科帕甚至挥拳威胁巴莱罗，引发一场群殴。比利时主裁判范纽费尔将塞维利亚的马塞利诺·德尔里奥，皇马的拉蒙·马萨尔罚下，场面极其混乱。第54分钟，塞维利亚被判极刑，迪斯蒂法诺操刀打成4比0，终场前10分钟，亨托和科帕将比分改写为6比0。此后，已经梅开二度的迪斯蒂法诺在最后几分钟又连入两球，把比分锁定在8比0——赛前，他刚刚捧起了《法国足球》颁发的金球奖。

1958年1月底，在塞维利亚严冬的大雪中，皇马2比2逼平主队进入4强。接下来的半决赛，尽管次回合客场对阵布达佩斯沃绍什（沃绍什意为炼钢工人）输了个0比2，但皇马首回合在伯纳乌，凭借迪斯蒂法诺的又一个帽子戏法大胜4比0，两回合4比2淘汰沃绍什挺进决赛。

皇马连续第三年亮相决赛赛场，对手是意大利豪门AC米兰。比赛安排在比利时首都布鲁塞尔的海瑟尔球场举行，球场不远处，就是为1958年世界博览会专门修建的标志性建筑——原子塔。

> 布鲁塞尔，不远处的原子塔如此美丽，球员如此才华横溢，但就像这张照片上迪斯蒂法诺面对米兰门将索尔丹一样，决赛是如此激烈。

韧劲十足的米兰

这场拉丁国家俱乐部间的较量怕是会让欧洲北部的同行颇为诧异,双方出招谨慎,决策明智。第69分钟,皇马的乌拉圭后卫圣马里亚漏了AC米兰的同胞斯基亚菲诺,斯基亚菲诺接应达诺瓦传中将球打进。1比0,米兰领先。第70分钟,当库基亚罗尼的射门击中立柱的时候,海瑟尔以为比赛就要结束了。

米兰的运气用完了。第74分钟,迪斯蒂法诺单枪匹马面对米兰的防守队员,他首先控制住球,一连串花哨的左右脚假动作后一脚劲射扳平比分。随后两队分别由格里洛(第78分钟)和里亚尔(第79分钟)各进一球。90分钟双方战成2比2,加时决定胜负。

加时赛初段很沉闷,结尾部分却让人喘不过气来,这也是冠军杯历史上第一场需要加时决胜的决赛。在90分钟里,皇马的迪斯蒂法诺和米兰的利德霍尔姆是场上焦点,接下来轮到亨托表演。第95分钟,他一脚角度力量俱佳的射门击中米兰的立柱。第107分钟,桑蒂斯特万长传,迪斯蒂法诺和马尔蒂尼争顶落点,球落到亨托面前,他起脚就射打进决定性一球,3比2!

夏日记事

● 巴西终称王

1950年世界杯东道主巴西被乌拉圭抢走冠军,4年后巴西终于封王。加冕后,巴西国脚纷纷赴欧洲淘金。瓦瓦加盟马竞、阿尔塔菲尼签约AC米兰、若埃尔登陆巴伦西亚、迪迪空降皇马。

● 普斯卡什的体重

加盟皇马前,普斯卡什已有足足一年半没有踢球。当时他与妻女在意大利城市里维拉过着惬意悠闲的日子。但1958年,皇马突然签下身材明显发福的普斯卡什。"我能拿这个胖子做什么?"皇马主帅卡尼利亚获悉普斯卡什加盟后曾问。"让他恢复状态。"俱乐部官员回答。

● 再造欧洲红魔

空难后的曼联需要多年重建。欧洲足联决定在1958/1959赛季给予曼联一个名额,然而,英格兰联赛和足总向曼联施压,迫使他们放弃了参赛权。球迷不得不等到1965年才再次看见格雷格、福克斯、查尔顿以及巴斯比的身影出现在欧洲赛场。那一年,他们打进半决赛,但负于贝尔格莱德游击队。

REAL MADRID CF

1954-1961

1956-1959

全景

袖子和硬币

民主德国球队卡尔·马克思城与华沙保卫者的第一轮较量充满戏剧性。两队两回合4比4战平，在柏林重赛。重赛结束前一分钟，卡尔·马克思城队没了右手的前锋特罗格扳成1比1，比赛进入加时，第100分钟，球场供电不足比赛中断。最终两队通过掷币决出晋级球队，卡尔·马克思城幸运地成为冠军杯历史上第一支靠掷币晋级的球队。

马德里的人工灯光

与安特卫普的首回合，皇马做客暂时2比1领先。次回合，在晚间迎来比赛的伯纳乌球场第一次在欧冠使用灯光照明。为了配合灯光，比赛使用白色足球。伯纳乌的上座率只有一半，皇马6比0轻取对手，前锋里亚尔独中三元。

乌拉圭力量

半决赛中，AC米兰的乌拉圭前锋斯基亚菲诺与曼联门将格雷格针锋相对引人注目。最终，斯基亚菲诺胜出。在两回合交手中，乌拉圭射手打入3球。作为慕尼黑空难的幸存者，格雷格发挥也不错。几个月后，代表北爱尔兰队出征世界杯，他成为那届赛事中表现最出色的门将。

本菲卡首演

本赛季，葡萄牙劲旅本菲卡首度在冠军杯舞台亮相。几年后，本菲卡在欧冠大出风头。本菲卡遇到的第一个对手是塞维利亚，两回合葡萄牙球队以1比3被淘汰出局。

第一场"内战"

8强战阶段，冠军杯迎来历史上第一次同国球队间的对决。从1955年开始，皇马和塞维利亚之间的敌对情绪与日俱增，为双方在本届1/4决赛首回合酝酿了最佳的氛围。此前在联赛，塞维利亚刚刚主场战胜皇马。为参加这场冠军杯较量，两队乘火车来到球场，赛前场地人员费了好大工夫清除球场积雪，比赛热度始终不减。最终，皇马8比0狂胜。

慕尼黑空难

8强客场战平贝尔格莱德红星，曼联返航在慕尼黑加油，起飞后飞机失事。7名曼联球员当场死亡。数日后，爱德华兹也在医院不治。空难震惊世界，曼联为空难死伤者降半旗致哀，球迷排起长队在葬礼上向球员告别。悲剧成了曼联队史上永远的痛。

任意球大师乔尔达什

每支球队都梦想拥有一位任意球专家，在关键时刻成为左右比赛的关键人物。布达佩斯沃绍什队中的乔尔达什就是一位超级任意球大师。对垒瑞士伯尔尼年轻人的首轮两回合比赛中，乔尔达什分别以直接任意球各进一球。

1957/1958

阿隆索接班

与AC米兰加时恶战，皇马3比2蟾宫折桂。前两次以队长身份捧杯的穆尼奥斯被新秀桑蒂斯特万挤到了替补席，阿隆索从穆尼奥斯手中接过队长袖标，代表皇马第三次捧起冠军杯。决赛中，意大利球迷占据绝大部分看台。由于海瑟尔球场距离德国较近，不少在德国工作的西班牙人也前来为皇马助威。球星迪斯蒂法诺以精湛表演征服了世界。

匈牙利荣誉

虽然不如布达佩斯爱国者有名，但布达佩斯沃绍什仍在匈牙利足球的荣誉史上留下了光辉的一笔。半决赛客场与皇马的交锋，沃绍什被迪斯蒂法诺的灵巧和速度戏耍，以0比4败北。主场与皇马再战，沃绍什却2比0取胜。日后，沃绍什的主场更名为普斯卡什球场，纪念这位伟大的匈牙利球星。

1958-1966   1953-1971

UEFA CHAMPIONS LEAGUE

1953-1964

16强战图

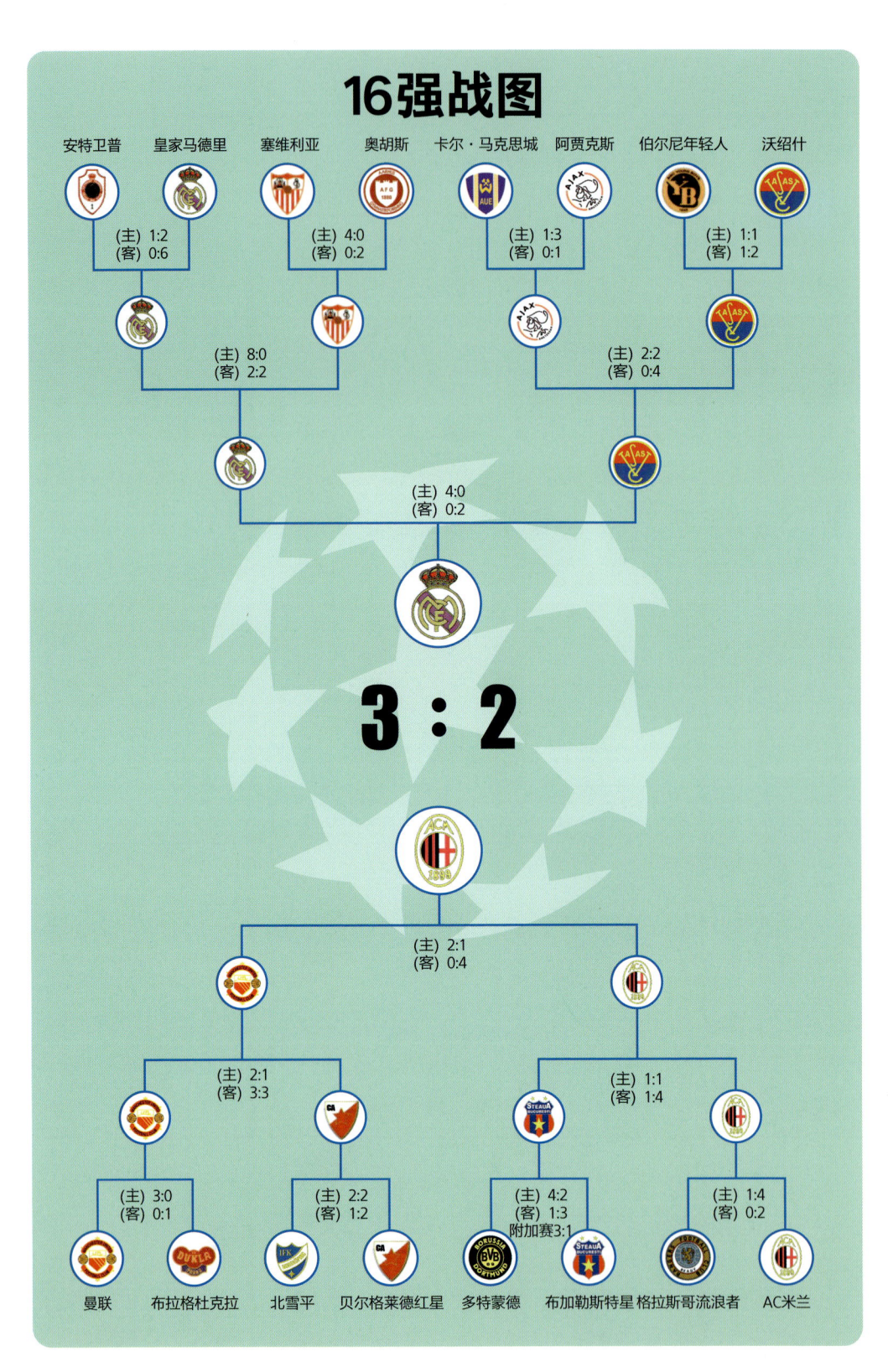

安特卫普　皇家马德里　塞维利亚　奥胡斯　卡尔·马克思城　阿贾克斯　伯尔尼年轻人　沃绍什

(主) 1:2　　　　　(主) 4:0　　　　　(主) 1:3　　　　　(主) 1:1
(客) 0:6　　　　　(客) 0:2　　　　　(客) 0:1　　　　　(客) 1:2

(主) 8:0　　　　　　　　　　　　　　　(主) 2:2
(客) 2:2　　　　　　　　　　　　　　　(客) 0:4

(主) 4:0
(客) 0:2

3 : 2

(主) 2:1
(客) 0:4

(主) 2:1　　　　　　　　　　　　　　　(主) 1:1
(客) 3:3　　　　　　　　　　　　　　　(客) 1:4

(主) 3:0　　　　(主) 2:2　　　　(主) 4:2　　　　(主) 1:4
(客) 0:1　　　　(客) 1:2　　　　(客) 1:3　　　　(客) 0:2
　　　　　　　　　　　　　　　附加赛3:1

曼联　布拉格杜克拉　北雪平　贝尔格莱德红星　多特蒙德　布加勒斯特星　格拉斯哥流浪者　AC米兰

决赛

1958.5.28-布鲁塞尔海瑟尔球场　　　　　　　　　　　主裁判：阿尔斯蒂恩（比利时）

3 : 2

皇家马德里			AC 米兰
(325)			(325)
阿隆索	门将	门将	索尔丹
阿蒂恩萨	后卫	后卫	冯塔纳
圣马里亚			切萨雷·马尔蒂尼
莱斯梅斯			贝拉尔多
桑蒂斯特万	中场	中场	贝尔加马斯基
萨拉加			拉迪斯
科帕	前锋	前锋	达诺瓦
何塞伊托			利德霍尔姆
迪斯蒂法诺			斯基亚菲诺
里亚尔			格里洛
亨托			库基亚罗尼

进球

	0:1	斯基亚菲诺69'
74'迪斯蒂法诺	1:1	
	1:2	格里洛78'
79'里亚尔	2:2	
107'亨托	3:2	

射手榜

1 迪斯蒂法诺（皇马）	10球	6 斯基菲亚诺（AC米兰）	5球
2 科斯蒂奇（贝尔格莱德红星）	9球	比恩（AC米兰）	5球
3 乔尔达什（布达佩斯沃绍什）	8球	8 乔基奇（贝尔格莱德红星）	4球
4 本扎克（布达佩斯沃绍什）	6球	里亚尔（皇马）	4球
格里洛（AC米兰）	6球	维奥莱特（曼联）	4球

1957/1958

1958/1959

1958 / 1959

这是最华丽的皇马

实现欧冠三连冠伟业之后，皇家马德里，伊比利亚的白色巨人震撼了整整一个时代。它似乎永远不会失败，它为西班牙人民在精神层面带来了无以言喻的荣耀。

在 21 世纪之后，有个男人彻头彻尾地改变了皇马，他的足球哲学在如今的足坛依旧能搅动风云，他是弗洛伦蒂诺。奉行巨星政策的"老佛爷"一手打造了银河战舰，而这个想法早在 20 世纪 50 年代皇马的功勋主席伯纳乌先生任上就初步形成了。

1958/1959 赛季，皇马拥有了无比豪华的阵容：足球历史上两位前十的球星——普斯卡什、迪斯蒂法诺；金球先生、《法国足球》评选的法国足球历史第三人——科帕；20 世纪 50 年代最好的中后卫，也许没有之一——桑塔玛利亚；20 世纪 50 年代最好的内锋之一——里亚尔；IFFHS（国际足球历史和统计联合会）评选的 20 世纪西班牙足球第一人——弗朗西斯科·亨托。

　　这一套极致华丽的阵容却在那个赛季在联赛上不尽完美，尽管锋线上火力全开，但仍然以4分之差不敌死敌巴萨屈居亚军。在联赛上折戟沉沙的皇马在欧冠赛场上以破釜沉舟的气势开始了战斗。

　　在欧冠赛场上，皇马一路顺风顺水，迪斯蒂法诺和普斯卡什的进球把皇马第4次送到了欧冠决赛。冤家路窄，皇马与兰斯再度相逢于斯图加特内卡尔体育场，这场比赛中，普斯卡什竟然被主教练卡尔尼利亚排除在了决赛的阵容之外。因为这一荒唐的举动，卡尔尼利亚被皇马主席伯纳乌解雇，这是后话。好消息是皇马并没有让兰斯复仇的愿望成真，顺利拿到了自己的欧冠第四冠。

君临欧洲赛场3年，皇家马德里的霸主地位面临新的挑战，在国内，觊觎皇马王座的也大有人在。

在马德里，马竞夺得1957/1958赛季的西甲冠军，梦想取代皇马，开始在曼萨纳雷斯河畔兴建球场，招兵买马，大肆扩军，签下了瑞典世界杯冠军队成员瓦瓦，继续加强已经拥有科利亚尔和佩罗的强大锋线。

皇家马德里则招募了匈牙利球星——"飞翔的少校"普斯卡什，尽管他已过运动生涯的黄金年龄，大腹便便。科帕、里亚尔、迪斯蒂法诺、普斯卡什和亨托，一串星光璀璨的名字，由他们构成的进攻组合能所向披靡吗？

拥有老将比利·赖特的狼队首轮以两回合2比2、1比2输给了体魄更强壮的沙尔克04。意大利"老妇人"尤文图斯有阿根廷球星奥马尔·西沃里和威尔士人约翰·查尔斯助阵，第一轮西沃里上演帽子戏法，尤文图斯首回合主场3比1击败维也纳体育，次回合却以0比7大败而回，其中哈默尔勒进了4球。尤文图斯的溃败震惊欧洲足坛。

晋级之路，荆棘密布

情绪激昂也助长了暴力滋生，首轮已经火药味十足。皇马完全掌控与贝西克塔斯的比赛，主场2比0轻松取胜，不料比赛尾声爆发群殴，贝西克塔斯的缪尼尔·阿尔泰和迪斯蒂法诺被逐。马竞与索非亚人民军司令部（索非亚中央陆军前身）的附加赛在日内瓦进行，双方也大打出手，瑞士主裁判梅列罚下马竞的拉法·德尔加多，90分钟1比1，加时赛又判给马竞一个点球，西班牙冠军以3比1艰难晋级。

8强战，马德里双雄各自淘汰第一轮中表现出色的对手：马竞打发沙尔克04回家；皇马在伯纳乌以7比1横扫维也纳体育，迪斯蒂法诺四次中鹄。

半决赛又见"西班牙内战"且是马德里德比，两队在主场都以一球小胜：在伯纳乌比分是2比1，在卡尔德隆马竞回敬1比0。附加赛移师萨拉戈萨，莱斯梅斯受伤下场，皇马不得不以10人应战，迪斯蒂法诺和普斯卡什进球，皇马2比1取胜，打开了第三次卫冕的道路。

决战再逢兰斯

决赛，皇马面对的是老对手兰斯。法甲冠军是法国人的最爱，已经拿到联赛杯赛双料冠军，阵中不乏法国夺得1958年世界杯季军的国脚，这些都是兰斯自信的资本。

打入决赛前，兰斯曾两次险些出局。8强战次回合迎战比利时标准列日，必须扭转首回合0比2告负的劣势。在奥古斯特·德劳纳球场，气氛紧张热烈，至第70分钟皮昂托尼进球，兰斯才打开通往半决赛的大门。第73和第88分钟，方丹梅开二度帮助球队晋级。

半决赛首回合，瑞士伯尔尼年轻人主场一球小胜，兰斯改在巴黎迎接对手，直落三球，干净利落地驯服了瑞士冠军。

1955/1956赛季决赛的对

▶ 当时，电视还未普及，人们都聚集在商场的电视机前观看比赛。

🅟 1959年6月3日，皇马2比0战胜兰斯。

垒在斯图加特重演，昔日兰斯的核心科帕，此时已是对面"白盔白甲"的一员。开场仅1分钟，马特奥斯一脚看似并无威胁的射门为皇马先拔头筹，而这仅仅是兰斯人所经历的噩梦般15分钟的开始。上半时，科帕在一次拼抢中撞伤膝盖，使得皇家马德里只能以10人应战。但第47分钟，迪斯蒂法诺的进球彻底浇灭了法国球队扳平比分的希望。

兰斯队长容凯承认；"我们就好像是在踢一场友谊赛。"迪斯蒂法诺也评论，这是皇家马德里踢得最容易、最平庸的一场决赛。然而，这是又一场由伟大的迪斯蒂法诺主宰的决赛！

迪斯蒂法诺，他就是一种战术

1956年6月在巴黎，迪斯蒂法诺率领皇马首夺欧冠，得

原声

■《队报》特派记者　　**雅克·费朗**
1959年6月4日

皇马刚刚夺得他们的第四座冠军杯，也将以冠军身份参加下赛季冠军杯。对于俱乐部高层来说，这场比赛的意义不亚于焕发生机。皇马球员看上去并不那么兴高采烈，主裁判杜施吹响终场哨，并没有让皇马宣泄半点激情，仅仅相互拥抱，很有风度地安慰对手。

此刻，我眼中浮现的是上赛季布鲁塞尔海瑟尔球场决赛的情景：皇马以3比2战胜米兰夺得三连冠后，疯狂地庆祝。他们筋疲力尽，却欢欣鼓舞，和狂热拥趸高声呐喊，宣泄着获得冠军的喜悦。前年的伯纳乌，也还记得吧：数以万计的白手帕在偌大的体育场里挥舞着，每个人都纵情欢呼。

在斯图加特的内卡河体育场的椭圆形跑道内，常胜的皇马仅仅对又一次胜利报以微笑。

到国际足坛公认，彼时他已经30岁了。他职业生涯的起步阶段为阿根廷的一场足球危机困扰。二战期间，阿根廷造就了一批伟大的前锋，特别是令人生畏的、被称为"火车头"的河床俱乐部拥有穆尼奥斯、拉布鲁纳、佩德内拉、鲁斯陶和莫雷诺。

1942年，16岁的迪斯蒂法诺加盟这支阿根廷豪门球队。但1948年爆发了一场球员和高层之间的长期对峙。在长达6个月的罢赛后，迪斯蒂法诺决定转投哥伦比亚，加盟该国的豪门俱乐部——波哥大百万富翁队。跟随球队参加欧洲巡回赛过程中，迪斯蒂法诺的表演征服了西班牙。巴塞罗那和皇家马德里都想把他收归帐下。皇马选择了与百万富翁队接触，巴萨则找到了一直拥有迪斯蒂法诺正式所有权的河床队商谈转会的可能。在一场长达数月的纠纷过后，西班牙的两支豪门甚至想分享阿根廷人的使用权，最终迪斯蒂法诺选择了与皇家马德里签约。值得一提的是，他第一次代表皇家马德里出场的比赛，对手正是巴萨，而他一人打进了本队5个进球中的4个。

从1955年到1960年，作为皇家马德里的卓越领袖，他取得了巨大成功，并引领了一场中锋战术的变革。迪斯蒂法诺是一个伟大射手，但全能的他不仅仅是个伟大的射手。加布里埃尔·阿诺先生用最简练的语言概括了他的比赛："迪斯蒂法诺本身就是一种战术。"

> 1959年的欧冠半决赛在马德里同城兄弟之间展开，瓦瓦（左）和科帕两位巨星各为其主。

夏日记事

● **埃雷拉的巨大成功**

1958/1959赛季对巴塞罗那主帅埃雷拉（下图）和他的小伙子们而言，代表着巨大成功。那一年，巴萨勇夺联赛和杯赛冠军，也为球队日后获得第二座博览会杯打下基础。1959/1960赛季，巴萨面临四项赛事的挑战：联赛、杯赛、博览会杯和第一次参加冠军杯。

● **科帕告别**

与加盟时轰轰烈烈不同，法国前锋科帕告别皇马悄无声息。他为皇马踢的最后一场比赛是1958/1959赛季的冠军杯决赛。比赛中科帕严重受伤，主帅并未将其换下，而是让他留在场上"吸引对手注意力"。赛季结束，科帕返回法国度假，明确了返回祖国踢球的想法，他的家人始终无法适应在西班牙的生活。为马德里留下了无数美好回忆后，科帕重返兰斯。

1958/1959

全景

足总阻挠曼联

尽管未能在前一个赛季夺得联赛,但为了安慰遭慕尼黑空难重创的曼联,欧洲足联特拨一个名额邀请红魔参加本届冠军杯。预选赛首回合,曼联客场0比2不敌瑞士伯尔尼年轻人,次回合较量没打,足总和足球联盟以"曼联非上赛季联赛冠军"为由,不允红魔参赛。曼联不得不以让人唏嘘的方式"早退"。

挡住瓦瓦的点球

半决赛,同城冤家皇马与马竞为争夺一张决赛入场券展开争夺。首回合主裁判给了客队马竞一个疑似点球,可惜巴西前锋瓦瓦罚失。双方总比分战成2比2后择日重赛,地点选在萨拉戈萨。两队球迷纷纷前往拉罗马雷达球场助威,皇马2比1艰难胜出。普斯卡什右脚打入制胜进球,用实际行动向世人证明,他还可以为皇马踢球。

皇马大胜"斑马杀手"

8强战首回合开打前,皇马出访维也纳颇为不安。维也纳体育不久前灌了尤文图斯7球,让皇马心存忌惮。比赛开始30分钟,普斯卡什被主裁判苛刻地罚下。皇马在客场0比0逼平对手,回到主场7比1大胜,有惊无险。

科帕受伤

皇马第四次笑傲欧洲,萨拉加以新任皇马队长身份举起了奖杯,这也是法国著名球星科帕为皇马参加的最后一场比赛。上半场,科帕严重受伤。皇马主帅卡尔尼利亚命令科帕继续比赛,但任务只是吸引兰斯后卫的注意力。最终,皇马如愿问鼎,科帕却在夺冠的喜悦和受伤的痛楚中离开了皇马。

埃施青年让人惊奇

本赛季前，卢森堡的球队从未品尝过参加冠军杯的滋味。埃施青年在第一轮第二回合1比0小胜哥德堡，所有人都大吃一惊。两回合2比2，重赛，埃施青年被对手5比1击败。

勇敢的瑞士球队

本届赛事中，瑞士伯尔尼年轻人的表现连续让专家们大跌眼镜。他们先是2比0击败曼联，随后又相继淘汰了布达佩斯红旗和民主德国球队卡尔·马克思城。半决赛首回合，伯尔尼年轻人在主场令人信服地小胜兰斯。第二回合，兰斯完成翻盘，伯尔尼年轻人仍骄傲地告别了本届赛事。

过客匆匆

足总阻挠曼联持"外卡"参加本届冠军杯，上赛季英格兰冠军狼队无须别人同情，光明正大地征战冠军杯，但首轮在沙尔克04的力量型打法面前碰了壁，英格兰冠军赛的头六届，只有狼队一亮相就被淘汰了。

"斑马"被屠杀

1958年10月1日，尤文图斯带着首回合3比1的领先优势出征维也纳。博尼佩尔蒂、查尔斯和西沃里三员大将未能阻止维也纳体育屠杀"斑马军团"。主队的进球接二连三，尤文图斯以0比7惨败，参加冠军杯首秀便蒙受奇耻大辱。

1958/1959

16强战图

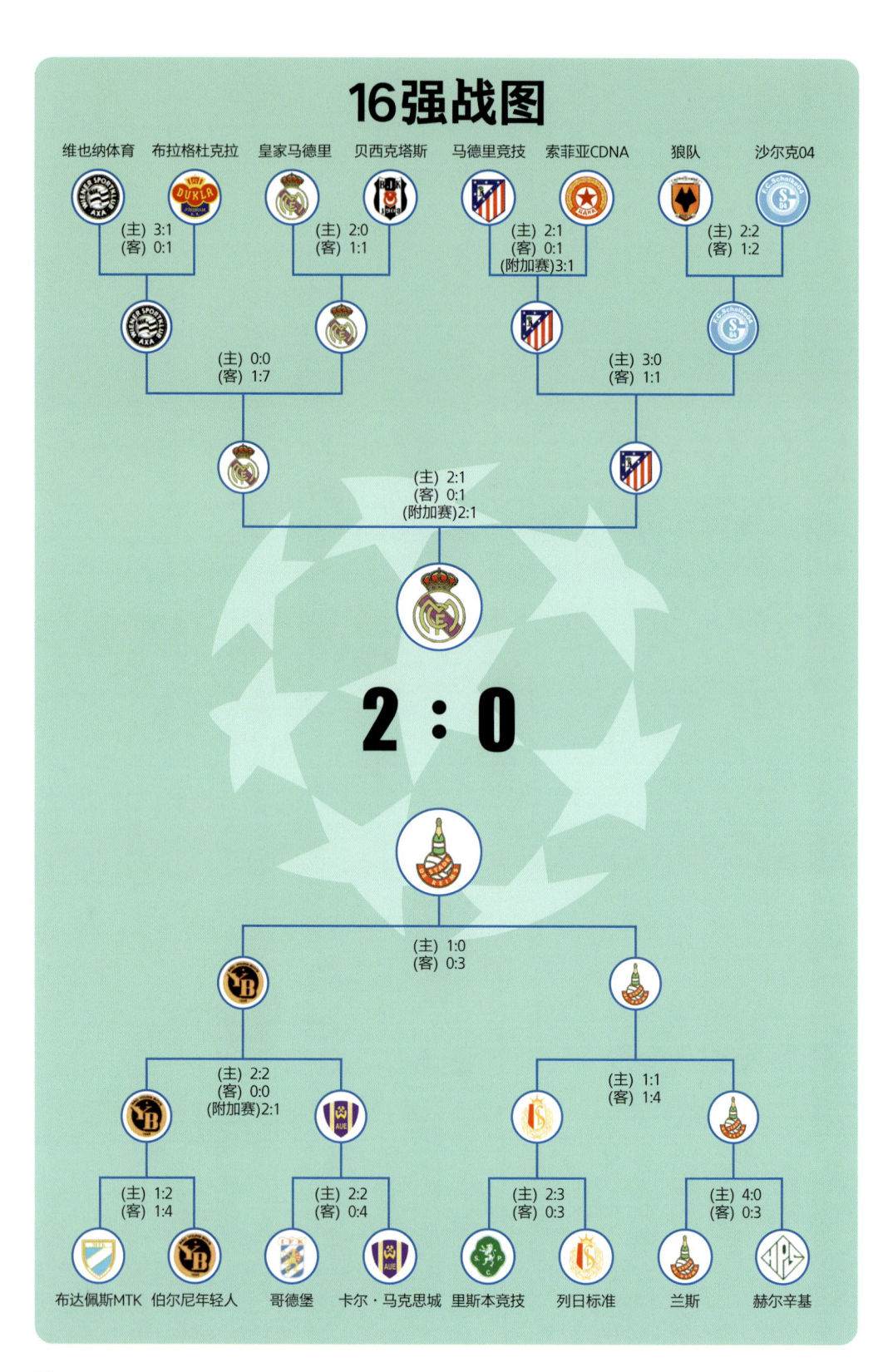

维也纳体育	布拉格杜克拉	皇家马德里	贝西克塔斯	马德里竞技	索菲亚CDNA	狼队	沙尔克04
(主) 3:1 (客) 0:1		(主) 2:0 (客) 1:1		(主) 2:1 (客) 0:1 (附加赛) 3:1		(主) 2:2 (客) 1:2	

(主) 0:0
(客) 1:7

(主) 3:0
(客) 1:1

(主) 2:1
(客) 0:1
(附加赛) 2:1

2 : 0

(主) 1:0
(客) 0:3

(主) 2:2
(客) 0:0
(附加赛) 2:1

(主) 1:1
(客) 1:4

(主) 1:2
(客) 1:4

(主) 2:2
(客) 0:4

(主) 2:3
(客) 0:3

(主) 4:0
(客) 0:3

布达佩斯MTK　伯尔尼年轻人　哥德堡　卡尔·马克思城　里斯本竞技　列日标准　兰斯　赫尔辛基

50

决赛

1959年6月3日斯图加特内卡河球场　　　　　　　　　　　　　　主裁判：杜施（西德）

2 : 0

皇家马德里 (325)			兰斯 (325)
多明格斯	门将	门将	科罗纳
马基托斯	后卫	后卫	罗齐
圣马里亚			容凯
萨拉加（c）			希劳多
桑蒂斯特万	中场	中场	庞沃尔尼
鲁伊斯			勒布隆
科帕	前锋	前锋	拉马丹
马特奥斯			布利亚尔
迪斯蒂法诺			方丹
里亚尔			皮昂托尼
亨托			维森特

进球
2' 马特奥斯	1:0
47' 迪斯蒂法诺	2:0

射手榜

1 方丹（兰斯）	10球	9 伊弗森（里斯本竞技）	4球
2 瓦瓦（马竞）	8球	保洛塔什（布达佩斯 MTK）	4球
3 迪斯蒂法诺（皇马）	6球	雅多（列日标准）	4球
佩罗（马竞）	6球	克洛特（沙尔克）	4球
5 科利亚尔（马竞）	5球	欧根·迈尔（伯尔尼年轻人）	4球
哈默尔勒（维也纳体育）	5球	韦克塞尔贝格尔（伯尔尼年轻人）	4球
皮昂托尼（兰斯）	5球	特勒格尔（卡尔·马克思城）	4球
青克（卡尔·马克思城）	5球		

1958/1959

1959/1960

1959 / 1960
王炸组合令人胆寒

127621 名观众涌进格拉斯哥汉普顿公园球场见证了冠军杯历史上最波澜壮阔的一场决赛。

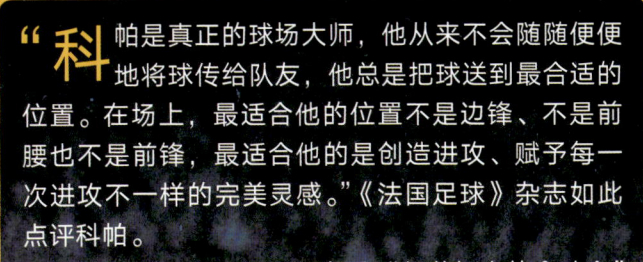

"**科**帕是真正的球场大师，他从来不会随随便便地将球传给队友，他总是把球送到最合适的位置。在场上，最适合他的位置不是边锋、不是前腰也不是前锋，最适合他的是创造进攻、赋予每一次进攻不一样的完美灵感。"《法国足球》杂志如此点评科帕。

然而，在1959/1960赛季，"绿茵场上的拿破仑"选择了离开皇马回到兰斯，皇马群星闪耀的锋线逐渐解体。尽管科帕远走法国，但是皇马仍然拥有两名攻击力彪悍的前锋——迪斯蒂法诺和普斯卡什。这一年，伊比利亚半岛的白色巨人在欧冠赛场上，依然证明了自己恐怖如斯的统治力。皇家马德里连克法甲、意甲冠军后连续第5次杀进欧冠决赛，在格拉斯哥汉普顿公园球场，他们的对手是德甲冠军法兰克福。

这场比赛德国人用自己的勇气做赌注，但是皇马拥有无所不能的迪斯蒂法诺和普斯卡什。法兰克福率先夺得头筹，在比赛第18分钟取得了第一个进球。但是随后的时间里，皇家马德里彻底主宰了比赛。迪斯蒂法诺上演帽子戏法，普斯卡什取得大四喜，皇马7比3战胜法兰克福。

那一年，迪斯蒂法诺34岁，普斯卡什33岁，在职业生涯的晚期，两位天王级的球员再次在欧洲顶尖的舞台上证明了自己的实力，展现了令人胆寒的进攻火力。

欧洲冠军杯举办到第五个赛季，谁能够撼动四届冠军得主皇家马德里队的霸主地位呢？自然不是来自卢森堡的埃施青年。好比侏儒面对巨人，卢森堡人就像一盘切碎了的菜一样在伯纳乌被0比7痛宰，第二回合回到主场他们也输了个2比5。不过值得骄傲的是，在这场比赛中他们曾经两次领先皇马。

尼斯队也不是皇马的对手，尽管他们在主场为皇马拉响了警报。当时，缺少迪斯蒂法诺的皇家马德里以2比3不敌对手，尼斯队的卢森堡射手维克·纽伦博格上演帽子戏法。回到伯纳乌，皇马很快校对了准星，凭借前60分钟的4个进球，以4比0大胜，有惊无险地晋级下一轮。

1960年4月21日，两个巨人相遇了。半决赛第一回合，伯纳乌球场从没有表现出如此

起猛攻，他的传中球准确地找到了迪斯蒂法诺的头顶，拉马列茨缴械投降了。

巴萨两败

这一失球对巴萨的打击很大，很快他们又被普斯卡什打进第二球，比赛的气氛达到了白热化。马丁内斯在第37分钟的进球为巴萨缩小了比分差距，比赛也恢复均衡。从防守中坚圣马里亚受伤下场开始，皇马便开始忧虑起来：巴萨的进攻像雨点一般落下。皇马期待着他们的救世主，而迪斯蒂法诺适时出现了，他的头球得分最终帮助本队以3比1取胜。

第一回合与第二回合比赛相隔6天。在马德里，有12.5万名球迷到场观战，回到巴塞罗那，10万名巴萨拥趸亲临现场，每一个巴萨球迷都确信他们将会见证对欧洲冠军的死刑宣判。但出人意料的是，开场后小心谨慎的皇家马德里渐渐变得大胆起来，而从比赛一开始就卖弄球技的巴塞罗那却狼狈不堪。在锋线游弋的普斯卡什寻觅着机会，他把足球送进了拉马列茨把守的大门。巴萨麻木了，他们不知所措，也

1959/1960

的热情。巴萨这头勇敢的公牛从一开始就想给斗牛士留下深刻印象。但普斯卡什在左路发

○ 圣地亚哥·伯纳乌主席（图左）一手编排了皇家马德里的精彩表演——五座欧洲冠军杯。

没有了比赛的动力。

皇家马德里从此建立了强大的信心。第68分钟到第74分钟的短短6分钟，亨托和普斯卡什又先后各进一球，使皇家马德里以3比0遥遥领先。此时的诺坎普球场内，巴萨的球迷们陷入了死一般的沉寂。柯奇士在最后一分钟为巴萨打进了挽回颜面的一球，但对于加泰罗尼亚人来说，他们的荣誉并没有在马德里的权力中心颁布法令时得到维护。埃莱尼奥·埃雷拉也从巴萨主教练位置上下课。

对于皇家马德里来说，最艰苦的战役似乎已经过去，他们应该表现得尽善尽美。在格拉斯哥，汉普顿公园球场内的12.7万球迷，甚至整个欧洲都在等待着皇马的精彩表演。另一支闯入决赛的是来自德国的黑马法兰克福队。德甲联赛在1963年才正式创建，在联赛创立以前的这段时间里，一项起初采用直接淘汰赛形式的地区规模的锦标赛获胜者会被授予德国冠军的称号。联邦德国足球因当时强大的国家队享誉世界足坛，联邦德国队夺得了1954年世界杯冠军和1958年世界杯第四名，与此相反，最初几届欧洲冠军杯上，联邦德国俱乐部的最好成绩仅仅是多特蒙德和沙尔克04分别在1958年和1959年打入过1/4决赛。

皇家马德里晋级决赛，一路上淘汰的是拉丁语系国家的俱乐部，法兰克福则首先扫平了一些德语系国家俱乐部所设置的障碍。他们先后淘汰了来自瑞士的伯尔尼年轻人和奥地利的维也纳体育，又在半决赛的两回合每场都打进苏格兰格拉斯哥流浪者队6球。由奥斯瓦尔德执教的这支球队是全德国攻击力最强大的球队，进攻核心克雷斯和普法夫均已年过三十，和卢茨、林德纳、维尔巴赫尔一样都是德国国脚。球队的整体实力很强，面对皇马并没有显出太大劣势。整体攻防是法兰克福人的撒手锏。

最杰出的表演

法兰克福大胆地拿他们的运气来冒险，中锋施泰因和右边锋克雷斯不断尝试交叉换位，这样的战术在第18分钟收到了效果，克雷斯首开纪录，但这个进球反而激发了皇马的斗志。在锋线组合迪斯蒂法诺和普斯卡什率领以及亨托在边路强有力支援下，皇马就要实现他们欧洲赛场上最耀眼的一次表演了。从比赛第27分钟到第73分钟，锋线的两位巨星连进7球，其中刚满33岁的普斯卡什独中四元，而他的锋线搭档，即将度过34岁生日的迪斯蒂法诺也上演了帽子戏法。法兰克福完全被击溃了，但他们并没有被当成笑料，而是顽强地在疯狂的4分钟内连扳两球，为这场欧洲冠军杯决赛历史上最精彩的比赛画上了圆满的句号。

迪斯蒂法诺的一脚射门骗过德国门将洛伊。这是他在本场决赛中的第二个进球，使得皇家马德里以2比1反超比分，也使球队朝着伟大的胜利又迈近了一步。

原声

■《队报》特派记者　　加布里埃尔·阿
1960年5月19日

　　高水平的比赛，或者更应该说是顶级的比赛！从上半时开始，当然了，还有整个下半场。这样说不仅仅是因为皇家马德里队自己的杰出表现，也因为有了3位国际巨星迪斯蒂法诺、普斯卡什和亨托的表演，特别是前两位，他们包办了本队所有7个进球。我们从没有在一场欧洲冠军杯的决赛中见过如此之多的进球，也从没有哪位球员能像迪斯蒂法诺和普斯卡什一样光芒四射。

　　皇家马德里在开场后被德国冠军来了个下马威，但此后他们以一种近乎完美的表演，成功地拿下了他们的第五座欧洲冠军杯。这第五次胜利也被描述成至今最精彩的一次决赛。但苏格兰的观众是很挑剔的，他们对裁判非常苛刻，不满皇家马德里获得的点球；然而他们在比赛结束后都不愿退场，而是久久站在那里，表达他们的赞美之情，感谢两队奉献的精彩比赛。

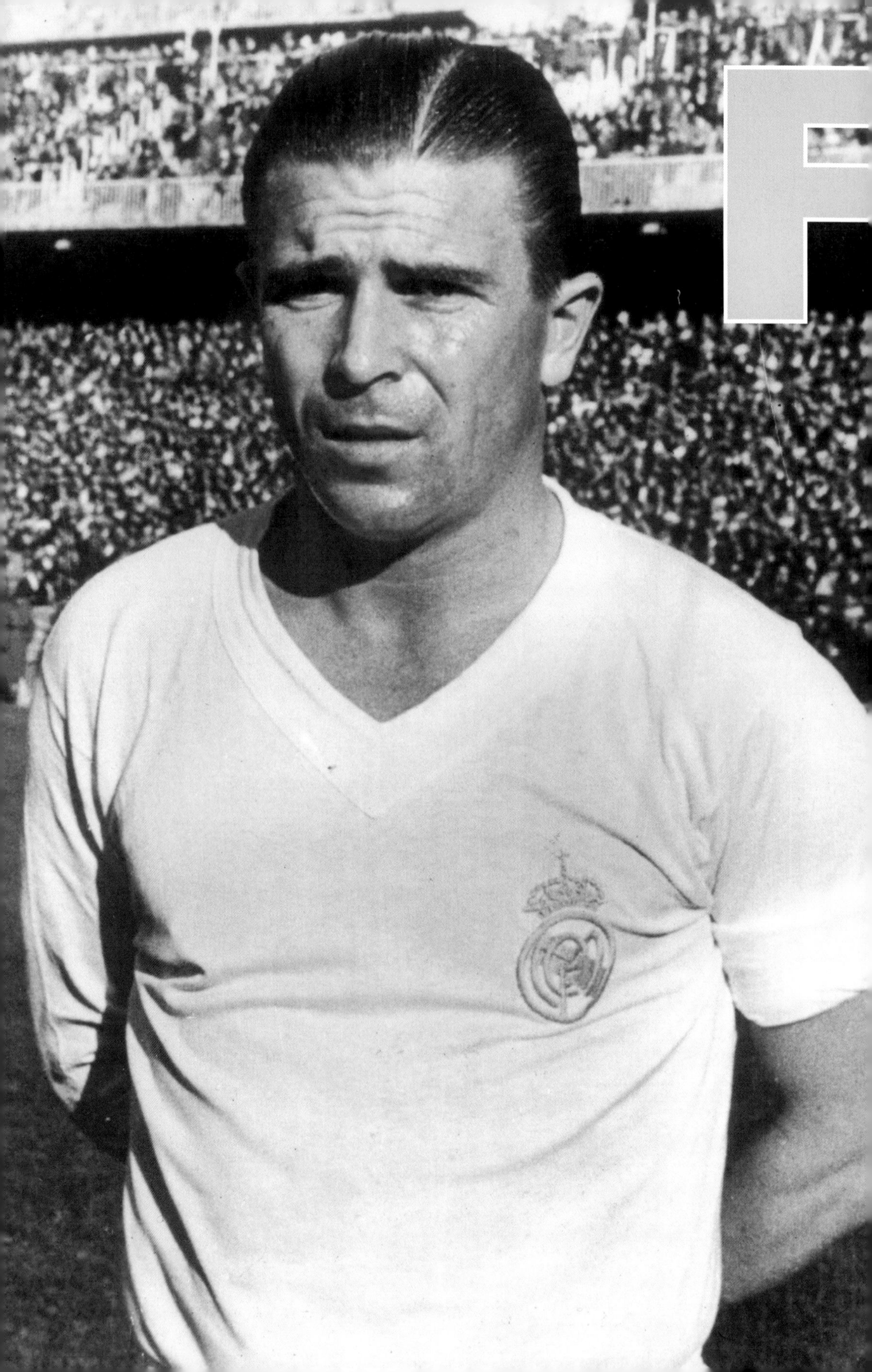

F

普斯卡什，伟大的左内锋

在这场最与众不同的决赛后，汉普顿公园球场的休息室里，圣地亚哥·伯纳乌先生走向刚刚独中四元的普斯卡什，给了他一个拥抱，并对他说道："潘乔，我永远信任你，你的力量……你看，它就在这儿。"说着主席先生伸出手指指向普斯卡什的心脏。

在格拉斯哥上演的决赛，面对法兰克福，皇家马德里完成了很多壮举。伟大的匈牙利左内锋完成了世界足坛最成功的复苏故事之一。

1958年夏天，皇家马德里招募了这个年逾三十且已经一年半没有比赛的匈牙利人。当他的朋友库巴拉把这个好消息带给他时，这个匈牙利难民对此都产生了怀疑。此时的普斯卡什体态臃肿，胖了整整20千克，已经不再是那个"飞翔的少校"了。他能适应高速、对抗激烈的西班牙足球吗？他努力去击碎那些对他的质疑，蔑视那些针对他的恶语相向，并努力减轻体重。他被迪斯蒂法诺所接受了。这行得通！

就这样，普斯卡什开始了9年的皇家马德里生涯，直到39岁才从俱乐部退役。在取得了西班牙国籍后，他代表西班牙国家队参加了1962年的智利世界杯。1965年，在他38岁时，他还能在对垒荷兰费耶诺德的比赛独中四元。他的左脚和心脏比所有的墙壁都坚硬强壮。看来，伯纳乌先生说得有道理。

夏日记事

● 海恩斯，英格兰头号大款球员

1960年，海恩斯首次作为英格兰队长参加了与西班牙的比赛。作为富勒姆的标志性球员，海恩斯在这家伦敦俱乐部效力了18个赛季。接下来的赛季，周薪100英镑的他由此成为当时全英收入最高的球员。海恩斯是富勒姆历史上最伟大的球员，出任左前卫的他在1952年至1970年间替富勒姆出场194次，贡献了145个进球。在代表英格兰的56场比赛中，海恩斯共打进了18球。

● 第一届欧洲杯

1960年，第一届欧洲杯诞生，共有17支国家队参加了本项赛事，决赛在苏联和南斯拉夫之间进行。在巴黎王子公园球场，由涅托担任队长的苏联最终胜出（右图为门将雅辛抱着冠军奖杯）。由于西班牙拒绝苏联队入境，苏联又不接受其他解决办法，西班牙最后选择退出本届赛事。

全景

创造多项纪录的决赛

皇家马德里与法兰克福的比赛最终打成7比3，在已经进行的5次决赛中，这场比赛创造的3项纪录时至今日仍然没有被打破：决赛进球最多，10个；决赛个人进球最多，4球（普斯卡什）；决赛上座人数最多，127621人（格拉斯哥汉普顿公园球场）。

希腊人到来

奥林匹亚科斯成了历史上第一支参加冠军杯的希腊球队。不过，他们的冠军杯处子秀并不太走运，遭遇了AC米兰。奥林匹亚科斯在主场令人意外地逼平AC米兰，但在圣西罗，他们还是在米兰前锋达诺瓦的3个进球面前败下阵来。

巴萨的荣誉之夜

冠军杯的抽签形势对巴塞罗那格外有利，在先后遭遇匈牙利和意大利球队后，巴萨在1/4决赛中与英格兰狼队相遇。鉴于两队所代表的高水平足球，当时人们说是一场提前进行的决赛。第一回合，巴萨主场4比0奏凯。就当人们认为加泰罗尼亚球队会在客场采取稳妥打法时，巴萨却再度上演了令人疯狂的进攻足球，客场5比2大破对手。赛后，狼队甚至在球场上列队欢送巴萨球员。

埃雷拉神秘离职

与皇马交手前，时任巴塞罗那主帅埃雷拉曾高调宣布自己的球队即将取胜，以此来为皇马施压。他还利用这次大战的机会，向俱乐部提出增加赢球奖金的建议，但却遭到俱乐部主席米罗的拒绝。被皇马淘汰出局后第二天，埃雷拉便从巴萨主帅的位置上卸任。但他的离开始终是未解之谜，因为人们至今都没有弄清楚，他究竟是辞职而去，还是被俱乐部炒了鱿鱼。

灯光中的盛会

1959年9月23日，巴塞罗那主场迎战索非亚CDNA。诺坎普球场首度启用了夜晚照明设备。在双方首回合交手时，巴萨阵中的三位匈牙利球员库巴拉、柯奇士和齐博尔由于被祖国流放，而未能得到保加利亚的许可参加比赛。但在双方第二回合交手中，库巴拉和齐博尔均披挂登场。那一夜，在诺坎普闪耀的灯光下，人们如痴如醉地享受了整个巴塞罗那的杰出表演。最终，球队6比2大获全胜。

贝尔格莱德的回忆

慕尼黑空难发生两年后，又有一支英格兰球队前往贝尔格莱德与红星队交手，它就是狼队。这一次，英格兰球队也与对手战平。回到主场后，凭借射手马森的两个进球，狼队3比0取胜。

五球先生奥尔松

在哥德堡与北爱尔兰球队林菲尔德的第二回合比赛中，瑞典前锋奥尔松一人独中五元，成为冠军杯历史上第一位单场比赛打进五球的球员。正是凭借奥尔松的杰出表现，哥德堡顺利晋级。

"箭头"决定胜负

半决赛中，皇马和巴塞罗那将西班牙国家德比搬到了冠军杯舞台。第一回合对决，皇马主场3比1胜出。绰号"金色箭头"的皇马传奇巨星迪斯蒂法诺两度建功。在辉煌的职业球员生涯中，阿根廷人打进了无数关键进球。但他破门后的庆祝动作却始终如一：总是高举双臂，高喊"进球"。迪斯蒂法诺就是用这样的方式，向观众们展示着自己的快乐。

全城恭候五冠王

本赛季冠军杯决赛，连续5次杀到决赛舞台的皇马7比3横扫法兰克福，创纪录地连续5次捧起冠军杯奖杯。载誉而归后，从皇马队长萨拉加捧着奖杯走下飞机的那一刻起，整个马德里便陷入了盛大的狂欢。队员们乘坐轿车在城内进行了漫长的巡游，所到之处无不被激动的马德里球迷所包围。如此盛景，在处于独裁统治下的西班牙极为罕见。

1959/1960

16强战图

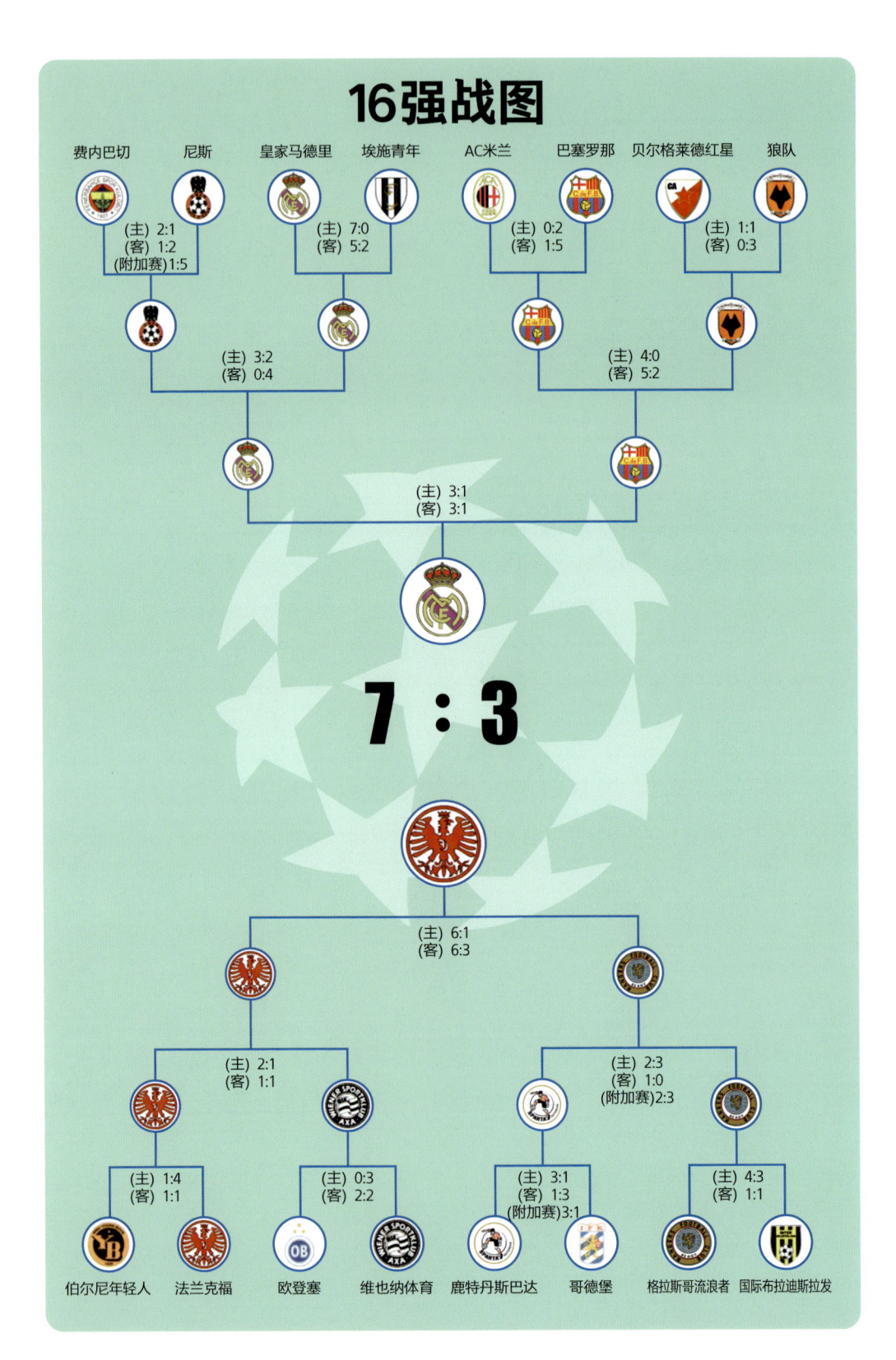

费内巴切	尼斯	皇家马德里	埃施青年	AC米兰	巴塞罗那	贝尔格莱德红星	狼队

- 费内巴切 vs 尼斯：(主)2:1　(客)1:2　(附加赛)1:5
- 皇家马德里 vs 埃施青年：(主)7:0　(客)5:2
- AC米兰 vs 巴塞罗那：(主)0:2　(客)1:5
- 贝尔格莱德红星 vs 狼队：(主)1:1　(客)0:3

- 尼斯 vs 皇家马德里：(主)3:2　(客)0:4
- 巴塞罗那 vs 狼队：(主)4:0　(客)5:2

- 皇家马德里 vs 巴塞罗那：(主)3:1　(客)3:1

皇家马德里 7 : 3 法兰克福

- 法兰克福 半区：(主)6:1　(客)6:3

- 法兰克福 vs 维也纳体育：(主)2:1　(客)1:1
- 鹿特丹斯巴达 vs 格拉斯哥流浪者：(主)2:3　(客)1:0　(附加赛)2:3

- 法兰克福 vs 伯尔尼年轻人：(主)1:4　(客)1:1
- 维也纳体育 vs 欧登塞：(主)0:3　(客)2:2
- 鹿特丹斯巴达 vs 哥德堡：(主)3:1　(客)1:3　(附加赛)3:1
- 格拉斯哥流浪者 vs 国际布拉迪斯发：(主)4:3　(客)1:1

伯尔尼年轻人	法兰克福	欧登塞	维也纳体育	鹿特丹斯巴达	哥德堡	格拉斯哥流浪者	国际布拉迪斯发

决赛

1960年5月18日，格拉斯哥汉普顿公园球场　　　　　　　　　　　　　　　主裁判：莫瓦特（苏格兰）

7 : 3

皇家马德里			法兰克福
(325)			(325)
多明格斯	门将	门将	洛伊
马基托斯	后卫	后卫	卢茨
圣马里亚			艾根布罗特
帕钦			赫费尔
贝达尔	中场	中场	维尔巴赫尔
萨拉加			斯廷卡
卡纳里奥	前锋	前锋	克雷斯
德尔索尔			林德纳
迪斯蒂法诺			E.施泰因
普斯卡什			普法夫
亨托			迈尔

进球

	0:1	克雷斯 18'
27' 迪斯蒂法诺	1:1	
29' 迪斯蒂法诺	2:1	
45' 普斯卡什	3:1	
56' 普斯卡什（点球）	4:1	
60' 普斯卡什	5:1	
70' 普斯卡什	6:1	
	6:2	施泰因 72'
74' 迪斯蒂法诺	7:2	
	7:3	施泰因 76'

射手榜

1 普斯卡什（皇马）	12 球	5 富瓦（尼斯）	5 球
2 迪斯蒂法诺（皇马）	8 球	施泰因（法兰克福）	5 球
3 库巴拉（巴塞罗那）	7 球	柯奇士（巴塞罗那）	5 球
4 奥尔松（哥德堡）	6 球		

1959/1960

1965/1966

1965 / 1966

斗转星移王朝更迭

英雄有迟暮，美人会白头，王朝终有落幕时。时光荏苒，时间的拨片转到了1965/1966赛季，此时距离皇家马德里完成五连冠伟业已然过去了5年，在这5年里，迪斯蒂法诺没有抵得过时光的洪流，选择了离队，年事已高的普斯卡什也坐到了替补席上，此后的索科、皮里、阿曼西奥等新人迎来了自己的时代。

在20世纪60年代，仍然保持竞争力的伊比利亚巨人三次进入欧冠决赛，1962年，他们输给了尤西比奥领衔的本菲卡，1964年，意大利链式防守阻拦了皇马在欧冠的脚步，在欧冠决赛中拥有苏亚雷斯、马佐拉、法切蒂等名将的国际米兰技高一筹，再度浇灭了皇马夺冠的念想，开启了"大国际"时代。

但是曾经的欧冠之王不会一直暗淡无光，1966年，皇马终于在欧冠赛场上找回了自己的场子。布鲁塞尔海瑟尔球场迎来了曾经的冠军皇家马德里，而它的对手是南斯拉夫的贝尔格莱德游击。尽管南斯拉夫人混凝土一般的防守风格给皇马制造了麻烦，但是下半场凭借阿曼西奥和塞伦纳的进球，皇马展示了自己欧冠之王的本色，2比1逆转了比赛，赢得了自己的第6座欧冠奖杯。

曾经的小将亨托已然成为真正的领袖，他带着一众小将驰骋的时候，会不会也思念20世纪50年代那些伟大的身影呢？

冠军杯刚开始时，评论家们很为难，因为热门太多了。有3支球队囊括了前10届冠军杯的9次冠军：皇家马德里、本菲卡和上赛季冠军国际米兰；还有曼联，慕尼黑空难7年之后的曼联，依靠一帮劫后余生的人才马特·巴斯比、博比·查尔顿、格雷格、福克斯重新在欧洲出头；还有安德莱赫特，比利时冠军希望用其让对手窒息的造越位防守征服欧洲。

这届冠军杯没有冷门，几大热门球队全部杀入8强，另外3支是东欧球队。国际米兰在梅阿查4比0大胜匈牙利的费伦茨城，又在客场的8万名观众面前1比1逼平对手，顺利晋级。在布拉格，斯巴达4比1大胜贝尔格莱德游击队，此前还没有球队能在冠军杯中扳回3球劣势，因此布拉格斯巴达的球迷已经在狂欢。但回到主场完成了任务，不到35分钟，他们就4比0领先，科瓦切维奇独中两元，瓦索维奇和哈萨纳吉奇各进一球，下半场他们又打入第5球。这些南斯拉夫的才俊们之前淘汰了法国冠军南特和联邦德国冠军不来梅，他们真是无所不能。

曼联的里斯本大捷

本菲卡在和曼联的第一场比赛中，似乎站到了晋级的有利地位。他们在老特拉福德扛住了雷鸣般的攻势，2比3，仅仅输了1球。但回到主场，本菲卡被曼联出人意料地掀翻。比赛进行到第13分钟，势不可当的贝斯特已打入两球，第15分钟，康奈利又入一球。这时才从梦游中醒来的本菲卡已经无力回天，曼联随后再入两球，最终5比1获胜，红魔的功绩在整个欧洲回响。

最后一场1/4决赛，安德莱赫特似乎比年轻的皇马更成熟。皇马主帅穆尼奥斯在这个赛季重新打造了球队：普斯卡什和圣马里亚离开了，球队百分之百都是西班牙人，只有亨托或者说还有帕钦能让人想起过去的时光。新一代白衫战士中有24岁的塞伦纳、22岁的贝

1965/1966

后，贝尔格莱德游击队主帅盖吉奇谋划了一个简洁的方案：上半场力挽狂澜。队员们超额

○ 贝拉斯克斯（左二）在一旁看着队友阿曼西奥（左三）单挑拉绍维奇，阿曼西奥在第70分钟为皇马扳平比分。

拉斯克斯和德菲利普、19岁的皮里、25岁的桑奇斯和21岁的格罗索。值得一提的是，格罗索接过了迪斯蒂法诺的9号。在马德里，人们对这批孩子宠爱有加，但球场上就不这么浪漫温柔了。在布鲁塞尔，范希姆斯特开场2分钟就打入一球。比赛非常艰难，比分也冻结了。回到马德里，气氛臻于疯狂。皇马采用了身体和精神上的双重侵犯，范希姆斯特被德菲利普贴身盯防，犯规和冲突层出不穷。比利时后卫孔内利斯被罚出场。皇马上半场结束时2比0领先，下半场他们一度4球领先，最后安德莱赫特扳成了2比4，但已经晚了。

皇马接下来的障碍就是国际米兰。在主场，皮里的进球让皇马1比0获胜，但在意大利人超强的现实主义足球面前，这并不保险。皇马将士在梅阿查表现出色，他们将反击大师们纳入了自己的节奏，阿曼西奥第20分钟进球，国际米兰苦苦挣扎，却始终无法扳平。现代版本的皇马进入了决赛，第8次决赛。

亨托第6次捧杯

大多数人都认为皇家马德

> 皇家马德里的获胜要感谢门将阿拉基斯塔因的出色发挥，除了第55分钟被对手破门外，阿拉基斯塔因的表现可以用完美来形容。

> 下半场开始不久，贝尔格莱德游击队前锋瓦索维奇就接加利奇传球先下一城，皇马禁区人仰马翻。

里在决赛的对手会是曼联，但实际上却是贝尔格莱德游击队。南斯拉夫球队在贝尔格莱德2比0获胜，哈萨纳吉奇和贝切亚茨各入一球。曼联浪费了太多机会，不过巴斯比爵士不太担心，因为他们还有主场，曼联球员也是如此。贝尔格莱德游击队在老特拉福德遇到了例行轰炸，但其门将绍什基奇创造了奇迹，他只丢了1球。上半场没有破门，曼联的球员开始慌神了，劳、博比·查尔顿和赫德组成的锋线忙乱了90分钟也没有办法，曼联历史上第3次在半决赛中折戟沉沙。

决赛在布鲁塞尔进行。游击队方面，士兵加利奇受政府特许临时参加了比赛。尽管不是面对曼联，皇家马德里还是不敢掉以轻心，主教练穆尼奥斯提醒后防球员："南斯拉夫人可不是专程到布鲁塞尔看我们捧杯的。"

决赛双方都表现出了恐惧和紧张，这种情况下，游击队更经典的技术似乎可以制胜，尤其是瓦索维奇第55分钟先入一球。但年轻的皇马球员表现出了更多的激情和坚韧，他们没有让对手如愿，最后30分钟，皇家马德里靠速度和个人能力逆转，阿曼西奥和塞伦纳各入一球。亨托可以举起他的第6座冠军杯了。

原声

■《队报》特派记者　　菲利普·雷塔克尔
1966年5月11日

昨晚在海瑟尔，个人才能最终为集体的努力定上最终的调子。皇马在下半场奠定胜局，依赖的是前锋塞伦纳和阿曼西奥的两次个人表演。而游击队整体场面占优，控球优势明显，尤其是在上半场掌控大局。

两队在上半场都特别谨慎。虽然皇马并不像游击队那样依赖混凝土式防守，但在争夺中场的控制权上，两队是一致的。皇马打的是四后卫（索科盯防加利奇，德菲利普负责哈萨纳吉奇），中场两人是皮里和贝拉斯克斯，剩下的是四前锋。游击队打的也是四后卫，瓦索维奇和拉绍维奇是中卫；中场是科瓦切维奇和贝切亚茨，边锋皮尔马杰尔后撤提供支持。

下半场一开始，游击队领先了，双方的战术体系随之变化。从此，索科更多参与进攻。这一举措让皇马在前场找回了人数的平衡，前锋更好地进入了射程，找好了角度。

1965/1966

G

金城出版社·西苑出版社
燃体育书系

最催泪的青春记忆,最燃的球星故事。
巨星自述,体育名家说球,俱乐部官方授权作品。
做书,我们做最好的那部分。

扫码关注"小燃编辑"
不定期卖萌、讲笑话、答疑、送书,欢迎关注:)
编辑信箱:1730894422@qq.com

扫码关注"那些年 我们一起追的球星"
球星自述,大咖侃球。
最催泪的青春记忆,最燃的球星故事。

篮球书系
BASKETBALL

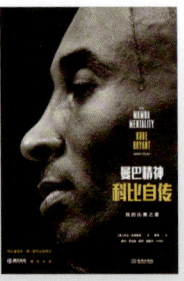

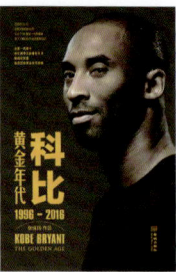

《科比：黄金年代》
作者：张佳玮

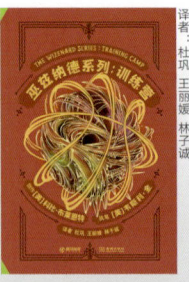

《巫兹纳德系列：训练营》
作者：[美]科比·布莱恩特 [美]韦斯利·金
译者：杜巩 王丽媛 林子诚

《曼巴精神：科比自传》
作者：[美]科比·布莱恩特 译者：黄炜

《加内特自传：铁血信条》
作者：[美]凯文·加内特 [美]大卫·瑞兹 译者：三猎

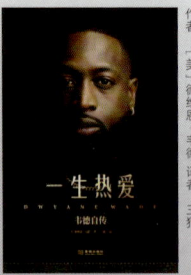

《一生热爱：韦德自传》
作者：[美]德维恩·韦德 译者：三猎

《硬核第六人：伊戈达拉自传》
作者：[美]安德烈·伊戈达拉 译者：林子诚

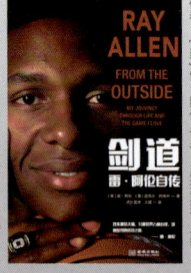

《剑道：雷·阿伦自传》
作者：[美]雷·阿伦 译者：虎扑篮球 三猎

《侠道：韦德传》
作者：张佳玮

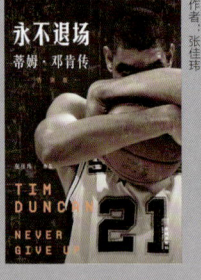

《永不退场：蒂姆·邓肯传（告别版）》
作者：张佳玮

《那个被叫做"皇帝"的男人：勒布朗·詹姆斯传》
作者：张佳玮

《THE ANSWER：阿伦·艾弗森传》
作者：张佳玮

《梦之队》
作者：[美]杰克·麦卡勒姆 译者：于嘉

《休斯顿火箭队官方传记》
作者：休斯顿火箭队 译者：腾讯体育

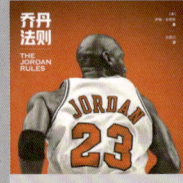

《乔丹法则》
作者：[美]萨姆·史密斯 译者：孙彦川

足球系列
FOOTBALL

《那些年，我们一起追的球星Ⅰ》 作者：《天下足球》

《那些年，我们一起追的球星Ⅱ》 作者：《天下足球》

《那些年，我们一起追的球星Ⅲ》 作者：《天下足球》

《冠绝欧洲：欧冠图文全史》 作者：《体坛周报》

《足球圣殿：世界杯图文全史（典藏版）》 作者：《体坛周报》

《足球圣殿：世界杯图文全史》 作者：《体坛周报》

《欧冠之王：皇马十五冠图文史诗》 作者：《体坛周报》

《冠军阿根廷：2022年世界杯夺冠典藏》 作者：《体坛周报》

《红蓝荣耀：巴塞罗那传奇功勋志》 作者：《体坛周报》

《红黑荣耀：AC米兰传奇功勋志》 作者：《体坛周报》

《皇家荣耀：皇家马德里120周年功勋志》 作者：《体坛周报》

《BARÇA：巴塞罗那俱乐部官方传记》 作者：[西]吉列姆·巴拉格 译者：虎扑翻译团

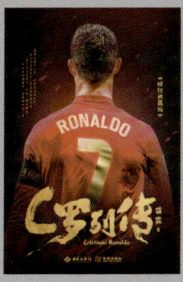

《C罗列传》（特装版） 作者：苗裰

《曼城俱乐部官方传记》 作者：英国曼彻斯特城足球俱乐部 译者：何小华

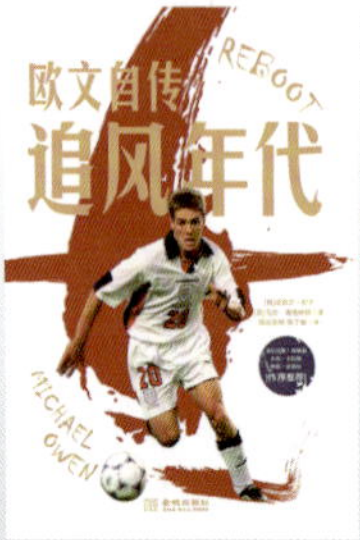

《我的成长，我的热爱：孙兴慜自传》
作者：[韩]孙兴慜，译者：宋青云

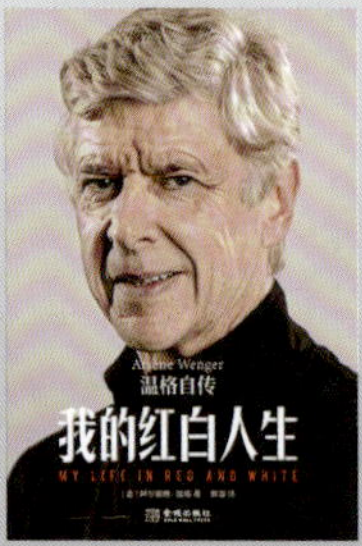

《狼王：托蒂自传》
作者：[意]弗朗切斯科·托蒂[意]保罗·孔多，译者：朱晓雨、陈堃

《硝烟之子：莫德里奇传》
作者：[西]罗伯特·阿慈塔特[西]何塞·曼努埃尔，译者：汪天艾

《追风年代：欧文自传》
作者：[英]迈克尔·欧文[英]马克·埃弗林顿，搜达足球 陈丁睿

《亚历克斯·弗格森：我的自传》（精装版）
作者：[英]亚历克斯·弗格森，译者：颜强、田地

《亚历克斯·弗格森：我的自传》
作者：[英]亚历克斯·弗格森，译者：颜强、田地

《真相：若泽·穆里尼奥传》
作者：[英]罗伯托·比斯利，搜达足球 陈一奋

《我的红白人生：温格自传》
作者：[法]阿尔塞纳·温格，译者：颜强

《天选之子：卡卡传》
作者：《天下足球》

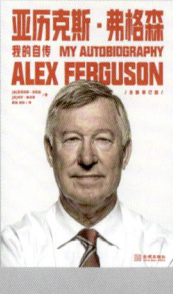

《艺术大师：伊涅斯塔自传》
作者：[西]安德烈斯·伊涅斯塔，译者：葛云、贾永华

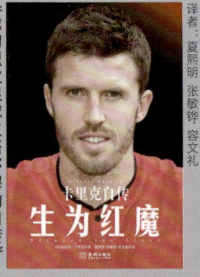

《生为红魔：卡里克自传》
作者：[英]迈克尔·卡里克，译者：夏熙朗、张敏铧、容文礼

《我的职业足球之路：穆勒自传》
作者：吕楠[德]托马斯·穆勒[德]尤利安·沃尔夫

《我的转身：克鲁伊夫自传》
作者：[荷]约翰·克鲁伊夫，译者：陈文江

《杰拉德自传：永不独行，我的利物浦岁月》
作者：[英]史蒂文·杰拉德，译者：陈文江

《赢家：齐达内传》
作者：[荷]帕特里克·福特，译者：何小华

《我，就是足球：伊布自传》
作者：[瑞典]兹拉坦·伊布拉希莫维奇，译者：《天下足球》

亨托，超音速边锋

1966年，作为皇马五冠王时期的留守人物，亨托带领年轻的球队获胜，并且创造了不可思议的个人纪录：6次赢得冠军杯。

在皇马璀璨的群星当中，亨托并不出名。20世纪50年代初，皇马开始打造巨星阵容，伟大的迪斯蒂法诺、聪明的里亚尔、坚强的圣马里亚，来自坎塔布里亚的亨托只能排在这些人后面。

最初，亨托在小俱乐部蒙塔纳练习足球和田径。他掌握了跑步的技巧，也开发了自己的速度，后来他相继来到了阿斯蒂列罗、坎塔布里亚、桑坦德竞技。1953年，亨托和皇马签约。

从1956年皇马首夺冠军杯开始，亨托一直是雷打不动的主力，还入选了西班牙国家队。1957年，皇马2比0战胜佛罗伦萨夺冠，亨托打入了锁定胜局的第二球。1958年，对米兰的决赛中，皇马加时赛3比2获胜，命中最后一球的就是亨托。1959年和1960年，亨托又连续捧起冠军杯。1962年和1964年，他也帮助皇马打入决赛，只是都输了。1966年，亨托还在，作为光荣岁月的最后一人，时隔8年之后，再次在海瑟尔捧起金杯。6次冠军杯冠军，这是一个球员在俱乐部能够梦想的最好成绩。

亨托成了皇马的象征，他为球队效力一直到1971年。这一年他已经38岁，皇马在优胜者杯决赛中输给了切尔西（1比1，重赛1比2）。在雅典的这两场决赛之后，亨托给自己漫长的职业生涯画上了句号：代表皇马761场比赛，253个进球，12次西甲冠军；43次代表西班牙国家队出场，进5球。

夏日记事

1965/1966

● **英格兰首夺世界杯**

英格兰在本土举行的1966年世界杯上夺冠，上届冠军巴西运气糟糕，球王贝利伤退，受到打击的巴西连小组赛都没有出线，朝鲜在小组赛送意大利回家则让世界震惊，他们接下来输给了尤西比奥领衔的葡萄牙，英格兰在决赛对阵联邦德国的那粒争议进球至今仍饱受非议，赫斯特却成了历史首个在世界杯决赛上演帽子戏法的球员。

● **大耳朵杯诞生**

欧足联将冠军杯奖杯更换为"大耳朵杯"，这也是今天我们熟悉的奖杯，原先的冠军奖杯奖励给成绩卓著的皇家马德里永久保存，西班牙豪门前10届冠军杯8进决赛，6次夺冠。

● **贝尔格莱德游击队大逃亡**

贝尔格莱德游击队在1965/1966赛季冠军杯决赛的失利很让人惋惜，他们在先入一球的情况下惜败给血气方刚的皇家马德里，不过这支球队却不能让人报以希望，因为队内的球星在夏天竞相散去。

● **欧冠的第一支苏联球队**

莫斯科鱼雷队成为第一支参加欧洲冠军杯的苏联球队。

全景

不战而胜

　　1/8决赛，安德莱赫特在主场9比0狂胜北爱尔兰的德里城队。第二回合，北爱尔兰足总不批准德里城在主场比赛，认为其场地不达标，德里城认为此禁令背后有宗教原因，安德莱赫特代表在视察了球场后也认为该队可在此球场出战。但北爱尔兰足总坚持己见，要求德里城前往贝尔法斯特比赛，德里城予以拒绝，本场弃权。

普斯卡什的最后一课

　　年届38岁的普斯卡什在贝拉斯克斯等新鲜血液注入皇家马德里后，逐渐失去了主力位置。但他在冠军杯资格赛次回合用4个进球再次证明了自己的王者地位，皇马主场5比0狂胜费耶诺德，挽回了客场1比2的败局。"小钢炮普姆"，大家这么称呼这位左脚炮手。尽管已是巨星暮年，但普斯卡什没有让谢幕演出黯然失色。

头球帽子戏法

　　赫德在效力曼联的265场比赛中攻进145球，是慕尼黑空难后曼联复兴的功臣之一。他在当届冠军杯中屡屡上演好戏，曼联对阵柏林前进的1/8决赛次回合，在老特拉福德球场，他用精彩的头球帽子戏法将曼联队送入8强。

害怕皇马

　　当上届冠军国际米兰与皇马在半决赛相遇时，国米主帅埃雷拉却表示："我们害怕皇马就像害怕瘟疫一样。"赛前说这种话示弱可能是别有用心，但在第34分钟皇马门将拉伤后，国际米兰仍然未能从中觅得机会。早早攻入一球的皇马全面退防，将领先优势化为胜果。最终阿曼西奥的进球把上两届冠军送回了家，也让皇马第8次挺进冠军杯决赛。

披头士第五人

当曼联球探比绍在贝尔法斯特看到贝斯特踢球时,他就下了这样的结论:"我们遇到了一个天才。"几周后,巴斯比爵士将贝斯特带到了老特拉福德。很快,贝斯特便靠着他在足球场上无人能及的天分获得了如同贝利一样的赞誉。他在本菲卡主场的表演更是让球迷将他称为"披头士第五人",但年轻的天才很快沉湎于灯红酒绿,不能自拔。

8年后重返贝尔格莱德

博比·查尔顿、格雷格和福克斯这三位慕尼黑空难的生还者,在悲剧发生8年后再次来到贝尔格莱德。曼联球星追忆罹难的队友,却不能将胜利献给他们。在乔治·贝斯特因伤缺阵情况下,曼联队在半决赛首回合0比2败北。

马德里披头士

8次进入冠军杯决赛,6次夺冠,皇马和当时红及全球的披头士乐队一样站在了世界之巅。皇马几名球员戴着假发,装扮成"披头士"的样子被人拍了下来,却在皇马夺冠之后才公之于众,让披头士和皇马的粉丝都激动不已。功勋教练穆尼奥斯在伯纳乌将冠军奖杯展示给世人时感慨:"我们给足球上了一课。"

16强战图

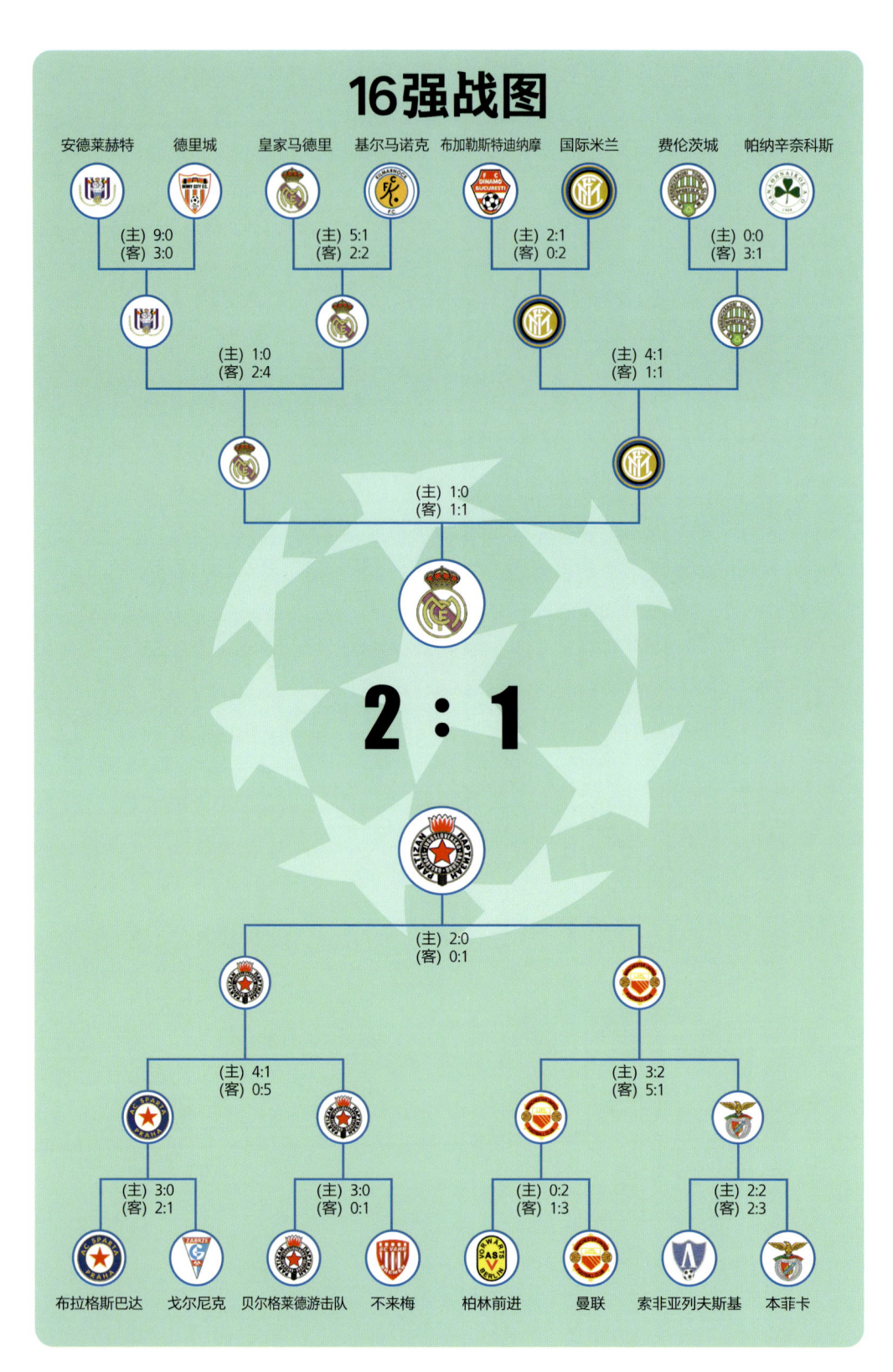

安德莱赫特 vs 德里城	(主) 9:0 / (客) 3:0
皇家马德里 vs 基尔马诺克	(主) 5:1 / (客) 2:2
布加勒斯特迪纳摩 vs 国际米兰	(主) 2:1 / (客) 0:2
费伦茨城 vs 帕纳辛奈科斯	(主) 0:0 / (客) 3:1

安德莱赫特 vs 皇家马德里：(主) 1:0 / (客) 2:4
国际米兰 vs 费伦茨城：(主) 4:1 / (客) 1:1

皇家马德里 vs 国际米兰：(主) 1:0 / (客) 1:1

决赛：皇家马德里 2 : 1 贝尔格莱德游击队

贝尔格莱德游击队 vs ？：(主) 2:0 / (客) 0:1

斯巴达布拉格 vs 贝尔格莱德游击队：(主) 4:1 / (客) 0:5
？ vs 本菲卡：(主) 3:2 / (客) 5:1

布拉格斯巴达 vs 戈尔尼克：(主) 3:0 / (客) 2:1
贝尔格莱德游击队 vs 不来梅：(主) 3:0 / (客) 0:1
柏林前进 vs 曼联：(主) 0:2 / (客) 1:3
索非亚列夫斯基 vs 本菲卡：(主) 2:2 / (客) 2:3

决赛

2 : 1

皇家马德里			贝尔格莱德游击队
(424)			(424)
阿拉基斯塔因	门将	门将	绍什基奇
帕钦	后卫	后卫	优素菲
德菲利普			瓦索维奇
索科			拉绍维奇
桑奇斯			米哈伊洛维奇
皮里	中场	中场	科瓦切维奇
贝拉斯克斯			贝切亚茨
塞伦纳	前锋	前锋	巴伊奇
阿曼西奥			哈萨纳吉奇
格罗索			加利奇
亨托			皮尔马杰尔

进球

	0:1	瓦索维奇 55'
70' 阿曼西奥	1:1	
76' 塞伦纳	2:1	

射手榜

1	阿尔伯特（费伦茨城）	7球	5	阿曼西奥（皇家马德里）	5球
	尤西比奥（本菲卡）	7球		阿斯帕鲁霍夫（索非亚列夫斯基）	5球
3	康奈利（曼联）	6球		莫拉斯（布拉格斯巴达）	5球
	哈萨纳吉奇（贝尔格莱德游击队）	6球		普斯卡什（皇家马德里）	5球
				赫德（曼联）	5球

1965/1966

1997/1998

1997 / **1998**

皇马结束搁浅岁月

自1965/1966赛季之后,伊比利亚半岛的白色巨人,在自己不断创造历史的疆域中,已然不复昔日荣光。在这期间的30余年中,皇马也曾一路驰骋到欧冠决赛,1980/1981赛季,皇马碰上了达格利什领军的巅峰利物浦,在巴黎王子公园球场,肯尼迪的小角度抽射完成了绝杀,同时也埋葬了皇马的冠军梦。

1995年12月,《博斯曼法案》颁布震惊了欧洲足坛,欧洲范围内的球员流通度越来越高,财大气粗的欧洲豪门挥舞着钞票大肆网罗优秀球员。如果《博斯曼法案》影响下的阿贾克斯是时代的眼泪,那皇马便是享受红利的最大受益者,1997/1998赛季的皇马阵容中外籍球员多达10人。

皇马的改变从1995年上任皇马主席的桑斯开始，在风雨飘摇的1995/1996赛季，面对联赛欧冠双线溃败的皇马，桑斯向意大利名帅卡佩罗伸出了橄榄枝，买入了苏克、米亚托维奇、西多夫、卡洛斯等球员。1996/1997赛季，皇马勇夺西甲冠军。在贝卢斯科尼的召唤下，卡佩罗前往圣西罗救火，桑斯又请来了德国人海因克斯。

1997/1998赛季，海因克斯虽然在联赛上频频受阻，但是在欧冠赛场上一路驰骋，最终和"斑马军团"会师阿姆斯特丹球场，当时的"斑马军团"如日中天，他们已经在里皮的带领下连续三个赛季杀进欧冠决赛。下半场卡洛斯的射门将32年未曾染指的欧冠奖杯送到皇马手中。皇马荣誉室里增加了一座没有灰尘的欧洲冠军奖杯。

这是"再度现代化"后的首届赛事，组织者运气不错，最后的冠军是前一年度的该国联赛冠军，就连亚军尤文图斯也是如此。向顶级联赛的亚军敞开大门，对比赛进程产生了深刻的影响。预选赛从一轮增加到两轮，进入小组赛的球队从16支增加到24支，小组从4个增加到6个。各小组第一加上成绩最好的两个小组第二进入1/4淘汰赛。

新赛制需要计算小分来选出晋级球队，巴黎圣日耳曼因为净胜球少排在拜仁之后列小组第二未能晋级，而尤文图斯以成绩第二好的小组第二的身份晋级。巴黎能打入小组赛是因为在淘汰赛中创造了奇迹，他们在客场0比3不敌布加勒斯特星情况下，主场5比0翻盘成功，但这种奇迹到了小组赛变得稀有。

小球队全军覆没

与拜仁、尤文、勒沃库森、基辅迪纳摩、皇马和摩纳哥一同晋级8强的，还有曼联和上届冠军多特蒙德，他们的小组赛成绩最出色，均为5胜1负。改制后的第一年，3支德国球队一起进入1/4决赛，这看上去多少有些新鲜。

"小球队"毫无例外地全军覆没。前一赛季客场击败AC米兰小组出线的挪威球队罗森博格，这次分别击败了小组赛中的3个对手皇马、奥林匹亚科斯和波尔图，这已是难得的成绩，但最终名列小组第二无缘晋级。1/4决赛中唯一的冷门，当属摩纳哥依靠客场进球

78

多淘汰大热门曼联，特雷泽盖在老特拉福德的进球精彩至极。但到了半决赛，传统还是得到了尊重：从来没有一支法国球队能在欧洲赛事中淘汰尤文图斯。

海因克斯离职提前曝光

另一场半决赛，在1/4决赛淘汰了勒沃库森的皇马，遭遇另一支德国球队多特蒙德，多特蒙德此前则淘汰了拜仁。在伯纳乌获得2比0的优势后，皇马在威斯特法伦与多特蒙德展开了激烈的拉锯战，0比0使得皇马进军决赛，也使得希帅随后被意大利人斯卡拉取代。取胜的一方也不平静，皇马主教练海因克斯赛季末离去的消息，在决赛前被公布。

决赛在两年前揭幕的阿姆斯特丹竞技场举行。这是一座未来风格的球场，顶棚可以在20分钟内关闭或折叠。这场对决也是史无前例的，尽管两家传统豪门在欧洲赛事中已经相遇7次，但从未在1/4决赛以后相逢。

这也是尤文图斯连续第4次参加欧洲赛事决赛，连续

⮕ 半决赛中，德尚的尤文图斯淘汰了国家队队友巴特斯率领的摩纳哥。输球了也没必要生气。

第3年打入欧冠决赛：1995年"老妇人"举起联盟杯，1996年夺取冠军杯，1997年则决赛不敌多特蒙德。连续三年率队参加欧冠决赛，也使得主教练里皮追上了当年卡佩罗在AC米兰的成就。

桑奇斯追上父亲

齐达内、德尚、皮耶罗、大因扎吉和戴维斯是尤文的灵魂。但这天晚上，除了齐达内踢出了正常水平，其他人都演砸了这场本应属于他们的大戏。这也成就了马德里球迷的巨大幸福，其中一些人为此已经等待了32年。皇家马德里的第6座，也是上一座冠军杯，还要追溯到1966年。当时皇马阵中也有一人名叫桑奇斯，当年32岁的他是如今这支球队的队长马诺罗·桑奇斯的父亲。

桑奇斯身旁也有很多球星：德国门将伊尔格纳、从AC米兰转会而来的帕努奇，还有耶罗、罗伯托·卡洛斯、莫伦特斯、刚满20岁的天才劳尔、在阿贾克斯与戴维斯当过队友的西多夫，以及卡雷姆布——法国人的经历非常奇特，他本

1997/1998

来将错过和法国队一起举起1998年世界杯的机会。为了转会皇马，他不惜与桑普多利亚决裂。当时桑普多利亚主席曼托瓦尼更希望卡雷姆布转会巴塞罗那，为此法国人从1997年6月到12月坐了半年板凳。冬歇期如愿加盟皇马后，他在1/4决赛和半决赛中打入3球，是皇马打入决赛的绝对英雄。

米亚托维奇的光荣时刻

决赛之夜的伟大人物是米亚托维奇。罗伯托·卡洛斯的传中落到了这名南斯拉夫球星的脚下，他背对球门，离球门线只有5.5米。一次漂亮的盘带后，米亚托维奇晃过了意大利门将佩鲁齐，打入全场唯一进球！马德里成为天使之城，"佩亚"则成为英雄！那年米

米亚托维奇（右一）一次轻灵的闪动，一次睿智的射门，比赛的胜负就此分出。幸运女神再次向皇马露出微笑，而尤文图斯又一次扮演了失意者角色。

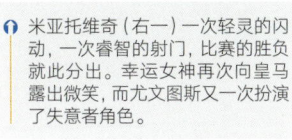

原声

■《队报》特派记者　　樊尚·迪吕克
1997年5月21日

　　皇马巨大的荣誉陈列室里，终于有了一座没有丁点灰尘的欧洲冠军杯了。距上一次夺得"大耳朵杯"的 32 年后，这家西班牙豪门终于在阿姆斯特丹再次夺冠。他们凭借的是某些天才的绝妙表演，但更多是依靠顽强的防守组织。

　　这场高水平的决赛中，米亚托维奇的进球宣判尤文图斯连续第 2 次看着冠军联赛奖杯从自己面前溜走。可怜的齐达内连续第 3 次在欧洲赛事决赛中失利，这对于同一名球员来说也太多了。和德尚、卡雷姆布一样，齐达内拼尽了全力，但他需要更长的时间来治疗伤痕。

　　当尤文图斯似乎要重新成为决赛主宰之时，米亚托维奇这位当晚最伟大的球员，改变了皇马的命运，也送给了卡雷姆布第一座欧洲赛事冠军奖杯。这是皇马第 7 次夺冠（1956、1957、1958、1959、1960、1966、1998）。当皮耶罗和大因扎吉全无状态时，意大利人的失利在情理之中。阿姆斯特丹之夜见证了一家传奇俱乐部的再度加冕，以及几名天才球员的个人爆发。对天赋的尊崇已经成为皇马历史的一部分。

亚托维奇已经29岁,他出道于布杜诺斯特,先后效力过贝尔格莱德游击队和巴伦西亚,还当选过西甲最佳球员。11年前在智利,他和普罗辛内茨基、博班、苏克、米哈伊洛维奇、萨维切维奇等一批南斯拉夫球星举起了世青赛冠军资杯。

1996/1997赛季,米亚托维奇帮助皇马夺得第27座西甲冠军,在1997年的金球奖评选中名列第二。当时没人能想到,前三名中的另外两人(第一名罗纳尔多、第三名齐达内)有朝一日也披上了皇马球衣。而在帮助皇马夺得欧冠的一年后,米亚托维奇加盟了佛罗伦萨。

赛制频繁变更的反思

欧洲冠军杯在36年间几乎毫无变化,但从1991/1992赛季开始,走入了不断变化的动荡时代。改革的扳机是俱乐部自己扣动的,它们对原有赛制不满,直接淘汰赛不能保证他们获得足够、持续的收益。欧足联害怕这种不满情绪最终演变为集体反抗,而且原有赛制也不能让他们的收入增加,于是他们决定将赛事的某一部分改为小组赛。这样一来,冠军杯就不再是杯赛,而成为"联赛"。

这种改变,与商业重于竞技的逻辑是一致的,随后衍生出一系列变革,至今也看不到头。一旦开此先例便不可收拾,为了找到一种理想的赛制,欧足联不断修补,从1991年到1996年,冠军联赛的赛制就发生了3次改变。然而冠军杯诞生后最具决定性意义的转变,当属1997年发生的这次。让一些欧洲足球强国拥有两个席位,欧足联改变了这项赛制最基本的原则。它不再是各国联赛的一种简单附属,而变成了一项必不可少的大型赛事。

改制的第一后果便是给其他欧洲俱乐部赛事带来了灭顶

之灾：优胜者杯于两年后消失，联盟杯则在困境中挣扎。此外，看到自己创办的冠军联赛迎来的却不只是联赛冠军，还有被视为"失败者"的亚军，欧足联的领导们不会感到难堪吗？前欧足联主席约翰松评价道："不，因为这是一种折中的处理。欧足联不是银行，也需要找钱。停留在原来的直接淘汰赛赛制很简单，但我们必须适应时代。没有变化也就没有了生命力。"

但这并不能满足最贪婪的胃口，比赛场次逐渐增多，而且多数是小组赛，冠军联赛的总收入也从12亿法郎增加到43亿法郎。球迷是否更喜欢新赛制呢？一家调查机构的结果显示："比赛泛滥成了电视转播的现实问题。"越来越多的比赛成为走过场，而不像当年那样场场都是生死战。

欧足联曾认为，至少到2006年不用再改变赛制，但到了2002年，他们不得不做出紧急决定，从2003/2004赛季开始，将第二阶段小组赛改为直接淘汰赛。这也是受到欧洲大牌俱乐部希望增加电视转播收入的威胁，从2000年开始，出现了为豪门俱乐部利益服务的G14组织。这是冠军杯第5次更改赛制，但谁敢保证这个赛制能长时间持续下去？

夏日记事

● 齐达内法兰西登顶

阿姆斯特丹之夜的齐达内是失落的，因为他又一次眼睁睁地看着冠军奖杯溜走。不过齐达内没有更多的时间感伤，世界杯等待着法国中场去征服。53天后，齐达内用两个头球撼动了法兰西大球场（准确地说是全世界），法国队在世界杯决赛中3比0完胜巴西捧杯——上帝终于开始亲吻齐达内的头顶。法兰西大球场对齐达内来说意义重大。1998年1月，齐达内打进了法兰西大球场竣工后的首个进球，帮助法国队1比0击败西班牙，法国世界杯决赛，齐达内的进球奠定了他的巨星地位。2006年5月28日，依然是在法兰西大球场，齐达内完成了在法国国家队的第100场表演。

● 23天的皇马主帅

海因克斯离开皇马帅位后，时任皇马主席的桑斯签下了前皇马球员卡马乔。不过卡马乔只在皇马主帅的宝座上坐了23天便拂袖而去，因为俱乐部董事会无法接受他为教练组成员开出的工作条件。随即，希丁克走马上任。2004年卡马乔还是获得了指挥银河战舰的机会。可惜这次的皇马之旅依旧短命。卡马乔只在帅位上坐了5个月就黯然下课。

● 泽曼控诉意甲

捷克教练泽曼执教过福贾、拉齐奥和罗马，他在1998年夏天用一句极具破坏性的话语，在意大利足球界引发了一场风暴："足球必须从药店和金融单位的办公室里走出来，因为这不是足球的力量。"这样的表态立刻使意大利足球禁药丑闻曝光，并引发了一系列大规模调查。皮耶罗、罗纳尔多、维亚利、马尔蒂尼、基耶萨、德尚、齐达内……一连串球星被迫接受法官们的盘问。

全景

皮耶罗闪电进球

　　1997/1998赛季，皮耶罗的状态异常出色。小组赛"老妇人"客场挑战曼联的恶战中，皮耶罗（下图）开场后不久便闪电般敲开了舒梅切尔的十指关。此时，记分牌上的时钟才走了20秒。1997/1998赛季，皮耶罗在冠军杯中打进10球，荣膺最佳射手，另一个令人惊诧的是雷布罗夫，乌克兰射手以8球成为当届杯赛的二号射手。

绍尔与父亲重逢

　　冠军杯小组赛拜仁客场与贝西克塔斯的较量，对于拜仁中场绍尔有着非常特殊的意义。借这次机会，绍尔在时隔20年后终于在土耳其重新见到了父亲埃尔金·于克塞尔。绍尔只有5岁时，父亲抛弃他离家出走。见面后，于克塞尔向绍尔索要了签名，绍尔后来则回忆说："我一下就认出了他，并对他说'你好，爸爸'。"

丰收女神广场的庆祝

　　冠军杯决赛第66分钟，在尤文图斯连续几次破坏后，足球落到米亚托维奇脚下，黑山人拉球晃过佩鲁齐后左脚将球送入空门，为皇马时隔32年后再度捧起冠军杯。从20世纪80年代后期开始，皇马开始形成在丰收女神广场庆祝胜利的传统。1998年问鼎欧洲的庆祝仪式，也是皇马第一次在这座喷泉广场进行欧冠冠军欢庆，共有50万球迷赶到广场，为从阿姆斯特丹载誉归来的英雄们欢呼。

马德里之耻

冠军杯1/4决赛，皇马主场与多特蒙德的对决，因为一起事故而成为皇马球迷心中一段不光彩的回忆。赛前，伯纳乌球场南看台的部分球迷推倒了一道防护栏。由于这一防护栏与挂起球网的绳索相连，球门也轰然倒塌，比赛推迟了75分钟才开始。事后，欧足联除了对皇马进行了高额罚款，还判罚皇马的下一个主场比赛在封闭状态下进行。

舍甫琴科小荷才露尖尖角

1997/1998赛季的舍甫琴科对于欧洲球迷来说还是一个来自东欧的陌生角色，但在小组赛基辅迪纳摩客场挑战巴塞罗那的比赛中，舍甫琴科凭借"帽子戏法"摧毁了巴塞罗那的夺冠梦想。1998/1999赛季冠军杯1/4决赛，乌克兰核弹头更是在和皇马的两回合较量中包办了本队的3个进球，以一己之力淘汰皇马。从那时起，乌克兰前锋成为欧洲各大豪门竞相追逐的目标。

奥克塔伊与手榴弹

1997/1998赛季的冠军杯中，奥克塔伊成为贝西克塔斯的核心球员，本队6球中的4球由他贡献。然而奥克塔伊曾一度因为要服兵役而险些无缘冠军杯。更离奇的是，在一次军事演习中，一枚手榴弹在距离奥克塔伊很近的地方爆炸。获悉这一消息后，时任贝西克塔斯主帅的托沙克气得脸色发青，毫不犹豫地抨击了土耳其军方。

8强战图

勒沃库森　　皇家马德里　　拜仁慕尼黑　　多特蒙德

(主) 1:1　　　　　　　　　(主) 0:0
(客) 0:3　　　　　　　　　(客) 0:1

(主) 2:0
(客) 0:0

1∶0

(主) 4:1
(客) 2:3

(主) 1:1　　　　　　　　　(主) 0:0
(客) 4:1　　　　　　　　　(客) 1:1

尤文图斯　　基辅迪纳摩　　摩纳哥　　曼联

决赛

1998.5.20-阿姆斯特丹竞技场　　　　　　　　　　　　主裁判：赫尔穆特·克鲁格（德国）

1 : 0

皇家马德里 (442)			尤文图斯 (442)
伊尔格纳	门将	门将	佩鲁齐
帕努奇	后卫	后卫	托里切利
耶罗			尤利亚诺
桑奇斯			蒙特罗
罗伯托·卡洛斯			46'迪利维奥
卡雷姆布	中场	中场	77'德尚
雷东多			戴维斯
西多夫			66'佩索托
劳尔90'			齐达内
莫伦特斯81'	前锋	前锋	因扎吉
米亚托维奇89'			皮耶罗

替补

海梅81'		46'塔奇纳迪
苏克89'		66'丰塞卡
阿马维斯卡90'		77'孔蒂

进球

66' 米亚托维奇　　　　　1：0

射手榜

| 1 皮耶罗（尤文图斯） | 10球 | 3 菲利波·因扎吉（尤文图斯） | 6球 |
| 2 亨利（摩纳哥） | 7球 | 雷布罗夫（基辅迪纳摩） | 6球 |

1999 / 2000

新世纪的首个欧冠

如果20世纪90年代是属于意甲的时代，那么到了1999/2000赛季，这个格局彻底被打破。在疯狂的世纪之交，西甲证明了在整个欧洲的统治力，从这一年的欧冠就可见一斑。

1999/2000赛季欧冠开始之初就宣告了一切的不寻常，欧洲豪门纷纷爆冷，一众强队皆人仰马翻。小组赛中，底蕴丰厚的"红黑军团"垫底出局，阿森纳跌了个大跟头把自己送回老家。有着"小世界杯"之称的意甲仅剩下拉齐奥一根独苗，德甲也只剩拜仁慕尼黑保有欧冠门票。在这一赛季的欧冠，西甲球队成了真正的主角，欧洲

逐鹿的战场到最后竟成了西甲球队的角斗场。你方唱罢我登场，4强中西甲球队包揽3个席位，这3支球队分别是皇家马德里、巴塞罗那、巴伦西亚。

联赛上半程，托沙克下课，博斯克走马上任，尽管到赛季结束皇马仅取得惨淡的西甲第五，但是在杯赛中，皇马绝对算得上一流的专家。决赛设置在法兰西大球场，皇家马德里的对手是西甲老对手巴伦西亚。博斯克和库珀运筹帷幄，莫伦特斯、麦克马拉曼和劳尔的进球，帮助博斯克导演了一场3比0的比赛。如是这般，皇马取得了新世纪的首冠，同样也是自己队史的第8个冠军奖杯。

又改赛制了？没错！两年前刚刚对冠军联赛赛制进行了改革后，这项赛事变得越来越像联赛。这一次，小组赛从一次增加到两次。和比赛数量一起增加的是收入，但观众的反应是冷淡的：公众面对没有任何意义的比赛选择放弃，很多比赛基本上无关大局。冠军联赛的历史上，我们第一次看到没有坐满的看台，哪怕是在对足球最为狂热的国家。球迷们每天都在接触足球，但是这项运动的确可能死于过分庞大。过多的比赛就像掺了水的美酒，球迷得不到想象中激动人心的画面，对比赛的需求在荒谬的气氛中迅速黯淡下去。

米兰没利用好赛制

这种赛制对精于计算的球队，尤其是大俱乐部有利，他们能够避免过早被淘汰。即使如此，也不能做到绝对保险：1999/2000赛季，AC米兰，这支曾5次举起冠军杯的伟大球队，在第一阶段小组赛就停下了脚步。他们在H组中名列切尔西、柏林赫塔和加拉塔萨雷之后垫底，意大利巨人甚至连一张联盟杯的门票都没有得到。冗长的联赛式体制让赛会制晋级高手AC米兰不适应，他们在主场经常被逼平（2次），客场又失败过多（2次），所以最后只能在沉默中衰败。AC米兰只要获得小组第3就能继续征战联盟杯，而优胜者杯此时已经成为历史名词。公众很难理解，在总共96场第1阶段小组赛后，为什么只淘汰8支球队（16支晋级冠军联赛，8支晋级联盟杯）。

AC米兰向欧洲说再见了，

阿森纳和多特蒙德则要集中精力攻占联盟杯，还有一直想获得这座奖杯的加拉塔萨雷。

提前上演的决赛

法国冠亚军波尔多和马赛都通过了第一关，但却在第2阶段小组赛垫底，尽管他们曾打败上赛季冠军曼联和切尔西。在经过39场资格赛和144场两阶段小组赛后，终于迎来了1/4决赛。人们已经盼望直接淘汰赛很久了，对阵形势是切尔西对巴塞罗那、巴伦西亚对拉齐奥、皇马对曼联、波尔图对拜仁。3支西班牙球队进入1/4决赛，还一起晋级：前一赛季的西甲冠军巴塞罗那、亚军皇马，以及第四名巴伦西亚！

皇马淘汰曼联的过程惊心动魄（0比0、3比2），这被认为是提前上演的决赛。随后他们淘汰了另一家打入前一赛季决赛的俱乐部，拜仁慕尼黑（2比0、1比2），阿内尔卡在向球队和领导人公开道歉后，在伯纳乌打入两球，成为击败拜仁的最大英雄。

实际上，人们如今很少能回忆起那个赛季的皇马曾多么难堪。1999年秋天，皇马居然历史上第一次接近降级区！11月，威尔士教练托沙克被博斯克取代。"博斯克了解皇马就像了解自己的口袋一样"，他曾是这里的球员，还参加过1981年冠军杯决赛。

在他的领导下，皇马更衣室立刻恢复了平静。他平息了球星之间的争端，逐渐弃用一些老将比如桑奇斯和耶罗，让俱乐部的青训球员、18岁的卡西利亚斯成为主力门将。于是皇马战车又开始前进，但博斯克拿桀骜不驯的阿内尔卡还是没什么办法，从赛季初一直到赛季末，法国前锋一直是更衣室里最危险的人物。

阿内尔卡建功

主席桑斯在买进阿内尔卡时可谓一掷千金（3300万欧元转会费，30万欧元的税后月薪），从来没有哪家西班牙俱乐部在一名球员身上花这么多钱，然而年仅21岁的阿内尔卡很快和俱乐部发生了冲突。

在他的正式加盟见面会上，阿内尔卡就公然拒绝了俱乐部的训练装，因为皇马的赞助商是阿迪达斯，而他和另一个品牌有约在身。一个月后，他宣称："球队必须改变战术，让我能够适应。"随后他又拒绝踢右路，如同孩子一

> 伯纳乌一战，曼联和皇马都很拘谨。曼联全力防守，皇马也只是借助球员的个人能力进行零星的快速反击，0比0的比分合情合理。

> 到了客场，皇马突然变脸。凌厉的攻势带来了一个客场胜利(3比2)，银河战舰挺进半决赛。

般任性，"所有人都知道我踢中锋，有人却把我放在右路。我不会改变自己的比赛风格，即使我整个赛季一个球都不进"。他直到2000年2月26日才打入首个联赛入球。

这还不是全部：在不满足批评博斯克的战术选择后，他又遵守此前的"诺言"拒绝训练，他还宣称要"结束职业生涯，因为对踢球已经找不到乐趣"。这一次，俱乐部没有再向阿内尔卡妥协。惩罚是严厉的：3月13日，皇马对阿内尔卡禁赛45天，禁止比赛和训练，停发工资。幸好俱乐部总经理胡里奥森从中斡旋，加上法国前锋公开道歉，才让这个叛逆者重返球场，并打入两球帮助皇马进入决赛。

另一场半决赛则是西甲对决，巴伦西亚淘汰了巴塞罗那（4比1，1比2）。这是历史第一次由同一国家的球队包揽冠亚军。

法兰西大球场的
4.8万西班牙人

继1998/1999赛季后，这是第2次出现冠军杯冠军不是前一年度的联赛冠军。更糟糕的是，如果说决赛前6个月皇马还处在保级区，那么巴伦西亚却是在西甲开打两个月后还

92

1999/2000

LE REAL EST ETERNEL

Indestructible Real Madrid, mal en point toute la saison mais qui a corrigé le FC Valence (3-0), hier soir au Stade de France, en finale de la Ligue des champions. C'est la huitième victoire du club recordman dans la compétition. (Pages 3 à 5)

原声

■《队报》特派记者　樊尚·迪吕克
2000年5月25日

　　凭借着智慧和权威，以及技术优势，皇马迎来俱乐部漫长而丰富的历史上最轻松的一次夺冠经历。比赛前15分钟，巴伦西亚还能创造些机会，让人们相信他们在这场百分之百的西班牙对决中有机会取胜，但是皇马通过整体表现成功地接管了比赛。

　　这是一场完胜，从后卫、中场到前场。皇马还在1/4决赛中淘汰了上赛季冠军曼联，半决赛淘汰去年的亚军拜仁，也就是说，除了提前出局的AC米兰，皇马几乎是在击败所有欧洲最强球队之后夺冠的。这样惊险而幸福的过程也让皇马球迷兴奋异常，第8座冠军杯的含金量令全欧洲侧目。在短暂告别舞台中心之后，皇马重新成为主角。

　　直到麦克马纳曼和劳尔在下半场为皇马彻底锁定胜利前，还没有哪场决赛的天平如此快地向一方倾斜。巴伦西亚今晚根本没有展示自己的真正实力，那支淘汰巴塞罗那的强力球队不见了。甚至有人抱怨说不如让巴塞罗那来完成这场西班牙内战。不过从比赛的进程和内容来讲，皇马夺冠实至名归。皇马不会过时。

垫底！对于巴伦西亚来说，通往法兰西大球场的道路是漫长而艰辛的。淘汰赛轻松过关后，他们又在第一阶段小组赛名列小组第一，第二阶段小组赛排在曼联后位列第二出线。1/4决赛轻松淘汰拉齐奥（5比2，0比1），对于主教练库珀来说是一次复仇，因为前一赛季他率领马洛卡打入了最后一届优胜者杯决赛，但最终输给了拉齐奥。

　　这一次，库珀再次与冠军

擦肩而过……在分成两个鲜明阵营的4.8万西班牙球迷面前,凭借莫伦特斯、麦克马纳曼和劳尔的进球,皇家马德里3比0大胜。如同他们的两名阿根廷球员基利·冈萨雷斯和克劳迪奥·洛佩斯一样,巴伦西亚在整个赛季的冠军联赛中都光辉四溢,但在决赛中却只能靠边站。对巴伦西亚来说,这样的结局多少有些不公平,不过足球场有时就是如此残酷,努力并不总是能得到相应的回报。

和两年前捧杯时的那支皇马相比,只有4名当时捧杯的球员出现在法兰西大球场的首发名单中:雷东多、罗伯托·卡洛斯、劳尔和莫伦特斯,他们赶上了又一段优美的时光,在巴黎品尝了俱乐部第8座冠军杯的滋味。当然耶罗和桑奇斯也收获了他们应得的荣誉。

唯一的遗憾
1999/2000赛季冠军联赛唯一的遗憾或许在于决赛精彩纷呈,但整个赛事中缺少独占鳌头的英雄人物。巴塞罗那的攻击力令人震惊,可惜没能挺进决赛,里瓦尔多和菲戈都是可以凭借一己之力改变比赛进程的人;可惜面对门迭塔率领的巴伦西亚,他们消失得无声无息——那支逆转切尔西的巴塞罗那哪儿去了?巴伦西亚也遭遇了这样的尴尬,决赛中他们大失水准,以至于比赛场面很精彩,却没有悬念。缺少重

夏日记事

● 弗洛伦蒂诺抢走菲戈

2000年夏天，皇马主席大选。作为竞选人之一的弗洛伦蒂诺表示，如果自己当选，将把已经成为巴塞罗那旗帜的葡萄牙球星菲戈带到皇马。弗洛伦蒂诺履行了承诺。2000年7月24日，皇马支付了近6000万欧元转会费后，菲戈亮相伯纳乌。菲戈成了巴塞罗那人眼中的叛徒。丑化他的海报还是轻的，在诺坎普，巴塞罗那球迷甚至用飞降的打火机和硬币袭击他。

● 法国，勇敢的冠军

2000年欧洲杯，法国队以世界杯冠军身份通过了第一个大考。这支集合了德尚、布兰克、齐达内等老将，以及亨利、特雷泽盖等新生代球星的法国队，令人信服地笑傲欧洲之巅。这也是法国在1984年问鼎欧洲杯后再度在该项赛事上夺魁。

● 温布利的悲伤告别

作为全球最具传奇色彩的球场之一，5次冠军杯决赛地和2次优胜者杯决赛地温布利被推倒，代替它的将是一座更现代化的球场。老温布利球场迎来的最后一场比赛在英格兰和德国之间上演，凭借哈曼的进球，德国1比0小胜。尽管深知这场比赛的重要含义，但英格兰球员还是未能用一场胜利向这座具有丰碑意义的足球圣殿告别。德国人又一次搅了英格兰人的好事。

> 莫伦特斯（右）是皇马首开纪录的英雄，法国后卫安格洛马无法阻挡他。

量级对手，皇马的胜利价值也打了折扣。皇马挺进决赛依靠的是阿内尔卡的两个进球，但是让我们选这样一个性格乖僻的家伙作为最佳，太古怪了！

漫长的赛季结束，冠军赛事奉献了一系列英雄人物，但缺少一头真正的狮子！

全景

四球先生

西莫内·因扎吉，菲利波·因扎吉的弟弟，他在代表拉齐奥出战马赛的比赛中独中四元，成为冠军联赛历史上第2位单场打进4球的球员。第一次达成这一壮举的人是范巴斯滕。

女助理裁判

1999/2000赛季，内里·维耶诺成为首位在冠军杯中执法的女助理裁判。莫尔德与皇马一役，维耶诺协助韦伊希尔执法比赛。此前，她已经在联盟杯中有过执法经历。

博斯克智取库珀

皇马与巴伦西亚在决赛的对决，是这个赛季冠军杯中最引人注目的西班牙德比，也是博斯克和库珀两位执教思路和足球理念截然不同的主帅间的较量。聪明的博斯克为巴伦西亚设计了不少陷阱，完全束缚住了对方的反击打法，并充分利用了劳尔的智慧和莫伦特斯的果敢。

雷东多的梦幻之夜

冠军杯1/4决赛皇马客场对决曼联，雷东多展示了他的惊世过人才华。阿根廷中场用一脚梦幻般的过人书写了历史：他在左边路匪夷所思地脚后跟一磕，让足球从博格两腿间穿过，然后他转身晃过博格，随即从底线将球横敲，劳尔跟进打入皇马那场比赛的第3球，上帝对这位才华横溢的球星的奖赏是丰厚的，阿根廷人以队长身份举起了冠军杯。

刺骨严寒

第2阶段小组赛中，皇马在与基辅迪纳摩和罗森博格的客场较量中，都领略了天寒地冻的感觉。西班牙媒体称："在这两场比赛里，皇马的敌人更是彻骨的寒冷。"最终，西班牙球队还是凭借技术优势，从这两个艰险的客场凯旋。

疯狂的贾德尔

第二阶段小组赛，波尔图前锋贾德尔再次奉献精彩表演，尽管这一阶段他总共只进3球，但其中有两球是客场对垒巴塞罗那时的战果。最终波尔图还是2比4告负，赛后巴西前锋情绪激动地抱住当值主裁杜尔金的头，仿佛在质问："我们为什么没有赢？"

代伊领导柏林赫塔

在拜仁效力时，伊朗前锋阿里·代伊（上图）成为首位参加冠军杯比赛的伊朗球员。由于在拜仁机会不多，代伊转会去了柏林赫塔，成为该队的绝对领袖，第一阶段小组赛，他包办两球，帮助柏林赫塔主场2比1力克切尔西。

16强战图

拜仁慕尼黑　皇家马德里　基辅迪纳摩　罗森博格　　拉齐奥　切尔西　费耶诺德　马赛

C　　　　　　　　　　　　　D

(主) 0:0　　　　　　　　　　　　(主) 1:1
(客) 3:2　　　　　　　　　　　　(客) 1:2

(主) 2:0
(客) 1:2

3 : 0

(主) 4:1
(客) 1:2

(主) 5:2　　　　　　　　　　　　(主) 3:1
(客) 0:1　　　　　　　　　　　　(客) 1:5

A　　　　　　　　　　　　　B

巴塞罗那　波尔图　布拉格斯巴达　柏林赫塔　　曼联　巴伦西亚　佛罗伦萨　波尔多

决赛

2000.5.24-圣丹尼斯法兰西大球场　　　　　　　　　　　　主裁判：布拉斯基（意大利）

3 : 0

皇家马德里			巴伦西亚
(442)			(442)
卡西利亚斯	门将	门将	卡尼萨雷斯
萨尔加多85'	后卫	后卫	安格洛马
卡兰卡			久基奇
坎波			佩莱格里诺
罗伯托·卡洛斯			赫拉尔多
麦克马纳曼	中场	中场	门迭塔
雷东多			69'赫拉德
埃尔格拉			法里诺斯
劳尔			基利·冈萨雷斯
莫伦特斯72'	前锋	前锋	安古洛
阿内尔卡80'			克劳迪奥·洛佩斯

替补

萨维奥72'			69' 伊利耶
桑奇斯80'			
耶罗85'			

进球

39'莫伦特斯	1:0
67'麦克马纳曼	2:0
75'劳尔	3:0

射手榜

1 贾德尔（波尔图）	10球	4 小因扎吉（拉齐奥）	9球
劳尔（皇家马德里）	10球	5 雷布罗夫（基辅迪纳摩）	8球
里瓦尔多（巴塞罗那）	10球	弗洛（切尔西）	8球

1999/2000

2001/2002

切都要从弗洛伦蒂诺说起。彼时正值皇马管理层动荡，主席换代选举，洛佐伦·桑斯以手握两座欧冠奖杯为筹码谋求连任；而他的对手是弗洛伦蒂诺，众所周知的精明商人。"菲戈是为皇马而生的"，那一年弗洛伦蒂诺如此对皇马球迷说，承诺了要将菲戈带到伯纳乌的"老佛爷"赢得了主席大选，故事也由此展开。

菲戈从迪斯蒂法诺手中接过球衣时，一个伟大的时代也即将到来，这个时代叫作"银河战舰时代"。一切远远不止于如此，菲戈仅仅只是一个开始。一年后，也是在一个夏天，"老佛爷"又挥舞着钞票，用7150万欧元转会费将齐达内从都灵带到马德里，此时的皇马星光熠熠，坐拥劳尔、卡洛斯、菲戈和齐达内4名顶

2001/2002
要从那个男人说起

级球星。

　　然而弗洛伦蒂诺的计划并不顺遂，2001/2002赛季联赛不敌势头正猛的巴伦西亚，国王杯中又惜败鼎盛时期的拉科鲁尼亚。而"欧冠之王"皇马又一次在欧冠比赛中证明了自己。12场小组赛皇马只输了1场，一路四平八稳地进入淘汰赛。尽管老对手拜仁给皇马制造了一些麻烦，但是白衣军团还是有惊无险地进入4强，随后又踩着马竞的肩膀与勒沃库森会师决赛。这场比赛，齐达内彻底成为主宰。上半场比赛临近结束时，皇马中场一脚"天外飞仙"攻破勒沃库森的球门，时隔42年，他们再次在汉普顿公园球场登上欧洲之巅。

这次我们看到了最极端的现象：即将在2002年5月15日的汉普顿公园亮相、争夺欧洲冠军的德国球队勒沃库森，不仅不是德甲冠军的获得者，甚至以前从来没有拿到过这项头衔。在著名的拜尔医药公司资助下，这支小球队得以与欧洲豪门为伍，但他们此前的荣誉簿上只有两条记录：1993年德国杯冠军、1988年联盟杯冠军。

那次联盟杯夺冠很有传奇色彩。在当时采取两回合淘汰赛的联盟杯中，勒沃库森首回合被西班牙人3比0击败，结果回到他们只能容纳2万人的小球场，勒沃库森3比0逆转，并在点球决战中3比2取胜。当时球队有韩国前锋车范根，教练是德国人里贝克，两人日后都成为国家队主教练，对手西班牙人的教练克莱门特也是如此。勒沃库森的那次爆发令人难忘，但毕竟已经过去14年了。

勒沃库森错过三冠

如今这支由托普穆勒率领的勒沃库森完成了一个奇妙的赛季，他们一度有望实现杯赛、联赛、冠军杯的三冠王梦想。在整个欧洲，也只有1967年的凯尔特人、1972年的阿贾克斯、1988年埃因霍温和1999年的曼联实现过，德甲中，他们在联赛还剩3轮时领先5分，但最终却以1分劣势将冠军拱手送给了多特蒙德。冠军杯决赛前一周的德国杯决赛中，勒沃库森在下半场崩溃，2比4不敌沙尔克04……巨大的失望使很多人回想起两年前丢掉的那次德甲冠军，当时勒沃库森在最后一轮输球，将拜仁送上领奖台。

拜尔的爆发

尽管在这场冠军杯决赛中缺少了巴西人泽·罗伯托以及队长诺沃特尼，但勒沃库森不缺少撒手锏，比如前锋诺伊维尔和中场核心巴拉克，以及他们精彩高效的进攻足球。本赛季勒沃库森58场比赛打入124球，场均2.14球！

德国球队一路杀到决赛的过程也堪称完美，他们先后淘汰了英格兰冠军阿森纳、意大利冠军尤文图斯、法国冠军里昂，还曾打败过贝尔格莱德红星、巴塞罗那、拉科鲁尼亚、利物浦和曼联！数据统计表明，不管面对怎样的对手，勒沃库森的控球率都在50%以上。

上赛季冠军拜仁则在1/4决赛中输给了皇马，这是两支球队连续第三年碰面（前两年都是会师半决赛），按照过往经验，在这场对决中取胜的球队将最终夺冠。

皇马押宝冠军杯

皇马将在2002年庆祝俱乐部诞生100周年，但他们直到5月还什么都没有拿到：国王杯输了、联赛也只能排到第三。

2001/2002

自从2000年夏天成为俱乐部主席后，弗洛伦蒂诺只赢过2001年西甲冠军，但这还远远不够，尤其是考虑到俱乐部在购买球星上的巨额投入：赛季前以创纪录的7150万欧元收购齐达内，一年前买进菲戈花了6100万欧元……

在国内赛场中，"银河战舰"所表现出来的实力和他们的目标相去甚远，幸好他们在首要目标冠军联赛中一路顺风顺水。这又是一个冷门迭爆的赛季，第一阶段小组赛就送走了多特蒙德、基辅迪纳摩、埃因霍温、拉齐奥、里昂等球队，第二阶段后又不见了罗马、波尔图、阿森纳和尤文图斯。皇马两次名列小组第一，总共12场比赛仅输了1场。

1亿马德里拥趸

在1/4决赛淘汰拜仁后，皇马又在半决赛中干掉了死

REAL MADRID CF

2001-2006

1994-2010

扫射首开纪录；卢西奥扳平后，卡洛斯又在上半场结束前给齐达内传了一脚，球的轨迹显然不是他所想的，球飞得太高了，绝大多数球员很难直接射门。

但他可是齐达内。一次完美的左脚凌空抽射，将足球送入了擅长罚点球的德国门将布特的大门。这个精彩绝伦的进球让整个球场和电视机前数以百万计的球迷疯敌巴塞罗那。根据当时的统计，"银河战舰"在全世界的球迷估计至少有1亿！

在汉普顿公园，他们的前辈迪斯蒂法诺和普斯卡什曾创造过冠军杯历史上最辉煌的一次胜利：1960年决赛，皇马7比3击败了另一支德国球队法兰克福。虽然那一年皇马在场上的优势，其实没有两年前决赛3比0击败巴伦西亚时那么大。

中场休息时比分为2比1，罗伯托·卡洛斯两次看似并不成功的传球造成了两个进球：第一次是大力扔出界外球，球弹到勒沃库森球员身后，劳尔不停球，左脚

狂了，这个进球直接进入了历史传奇……

此后博斯克的"银河战舰"再难进球，他们在下半场还一度陷入劣势，多亏了第68分钟替补出场的卡西利亚斯做出了多次关键扑救。就这样，皇马第9次将自己的名字刻上了"大耳朵杯"！两年前替补出场的耶罗已经重新成为主力，他也得以第三次亲吻冠军杯，和他同样幸福的还有劳尔、卡洛斯、莫伦特斯……

勒沃库森什么都输了：联赛、杯赛、冠军杯。但对于勒沃库森的某些球员来说，这种悲惨的命运还没有结束，巴拉克、诺伊维尔、施奈德和拉梅洛参加了一个月后在韩日举行的世界杯，德国队打入决赛，他们连续第四次获得亚军……

- 巴拉克（13号）和勒沃库森本赛季一度飞得很高，但3次失利让他们品尝了巨大的痛苦。
- "这样的左脚射门，我以前从未尝试过……当时只是凭直觉那么做了。"齐达内很谦虚，但只有这样的天才方能完成如此美妙的进球。

109

1999-2015

UEFA CHAMPIONS LEAGUE

1989-2003

Z

齐达内，王者归来

拥有神奇技术的齐达内，也知道在最重要的比赛中进球。1998年世界杯决赛中打入两球后4年，他又用一次魔术般的左脚凌空抽射在冠军杯决赛中造就传奇。

"传奇和5号一起继续：上帝！"皇马第9次夺得冠军杯翌日，西班牙《马卡》报以如此煽情的话语称赞了打入制胜进球的齐祖。这个进球正在环游世界，被人们看了又看，成为大家谈论的中心。而进球的主人依旧那么谦虚，他还在小心地避免争议："这样的左脚射门，我此前从未尝试过……当时只是凭直觉那么做了。"罗伯托·卡洛斯也不忘向齐达内的天才致敬："我原本想给他传个地面球，看着球飞起来后，我想这次传中好像失败了。幸运的是，他是齐达内……"

在克莱枫丹，法国队正在准备与比利时的友谊赛，这是他们去亚洲参加世界杯前，在欧洲的最后一场热身赛，但人们谈论的是，齐达内成为继普斯卡什和盖德·穆勒之后，第3位世界杯决赛和冠军杯决赛中都有进球的球员。"那个球传得可不怎么样，"勒伯夫分析道，"它从高处落下，而且没什么力量。但齐达内的动作包含了一切，技术、判断、选位，以及在那种情况下尝试的勇气！这是一个梦幻进球！"亨利补充道："其他人在这种情况下肯定会用其他动作，但齐祖拥有柔韧性非常棒的髋关节和脚踝，他能够保持身体平衡等待球下落的位置。然后就是技术问题了，所有人都知道，他的技术是无人可比的……"

夏日记事

● 罗纳尔多，皇马新成员

"外星人"回来了！2002年夏天对于罗纳尔多来说意味深长。5月5日，在罗尼的涔涔泪水中，国际米兰错失意甲冠军，近2个月后，他以8个进球帮助巴西第五度问鼎大力神杯。带着世界杯冠军的头衔，罗纳尔多在这个夏天空降马德里。在拥有了菲戈、齐达内、劳尔等人之后，"银河战舰"正式组成完毕。

● 皇马伯纳乌杯输给拜仁

继赛季中的百年庆典被拉科鲁尼亚搞砸后，皇马又在一场向俱乐部百年历史致敬的比赛中惨遭羞辱，而这场失利同样发生在伯纳乌。8月4日的伯纳乌杯决赛中，新近加盟的巴拉克和萨利哈米季奇的进球帮助拜仁慕尼黑2比1反客为主，皇马只是依靠菲戈终场前6分钟的点球，才挽回了些许颜面。

● 因为宗教而退出国家队

在长时间因为宗教问题受到胁迫之后，北爱尔兰中场尼尔·伦农终因不堪重压宣布永久退出国家队。伦农是位虔诚的天主教徒，这让他在新教徒占绝大多数的北爱尔兰饱受苛责。一次，在与塞浦路斯的比赛前，伦农甚至因为球迷的电话抗议而没能在比赛中登场。

全景

股东的特权

马洛卡与斯普利特上演了当届冠军杯中最火爆的一场资格赛。首回合客场出征中，马洛卡0比1告负。比赛结束后，克罗地亚国脚斯蒂马奇袭击了马洛卡的两名球员和一名教练。为此，欧足联对斯蒂马奇停赛6场。但由于是俱乐部股东之一，斯蒂马奇还是随队前往马洛卡观看了比赛。凭借埃托奥和卢克的进球，马洛卡翻盘成功。

"9·11"阴影笼罩冠军杯

在纽约发生了震惊世界的"9·11"事件后，冠军联赛首轮小组赛却在第二天继续进行，这引发了很多足坛人士的不满。卡佩罗便将罗马主场1比2负于皇马归咎于此。"发生那种事情后还要进行比赛，这表明我们还需要一些新的价值观。"在各方压力下，欧足联决定取消13日进行的冠军杯8场小组赛和14日举行的43场欧洲联盟杯第二轮比赛。这是欧足联46年来第一次取消全部欧洲赛事。

罗马丑闻

第二阶段小组赛，加拉塔萨雷在对利物浦和罗马的比赛中两次陷入争端的旋涡。发生在罗马奥林匹克球场的事件更为骇人听闻，比赛结束后，罗马球员利马在失去理智的情况下攻击了加拉塔萨雷球员，而球场防暴警察居然也参与群殴，围攻土耳其球员。这次丑闻甚至引发了意土之间的外交冲突。

受伤也进替补席

在小组赛拉科鲁尼亚主场1比1里尔的比赛中，拉科主力门将莫利纳本来因伤无缘这场比赛，但他还是坐上了替补席。因为这场比赛拉科只为他和第二门将努诺报了名，第三门将马洛没有资格参赛。

库佩玩火自焚

在小组赛里昂主场对巴塞罗那的比赛中，里昂门将库佩如同着了魔，无法控制自己的取胜欲望。在双方战成2比2，且比赛还有几分钟才结束的情况下，他居然"擅离职守"跑到对方禁区去试图接队友的角球攻门。遗憾的是，他并没有争到来球。他的同行、巴萨门将博纳诺得球后迅速展开反击，经过快速传递后，赫拉德从容地将球送进空门，巴萨戏剧性3比2告捷。

紧急迫降

在第一阶段小组赛中，菲戈是皇马发挥最出色的球员之一，他的进球和助攻，帮助球队顺利以小组头名身份晋级。6场小组赛，皇马4胜1平1负，唯一失利发生在莫斯科，最后一场小组赛0比2不敌莫斯科火车头。返回马德里时，飞机起飞前与一只飞鸟相撞导致发动机受损，并最终迫降。这让皇马队员惊出了一身冷汗。

皇马的尴尬庆典

1902年3月6日，20世纪世界最伟大的俱乐部在马德里诞生。整整100年后，皇家马德里在伯纳乌球场遇到拉科鲁尼亚。获得胜利的球队将赢得2001/2002赛季的西班牙国王杯。但百年华诞的压力让"银河战舰"的水手们深陷其中，塞尔吉奥和特里斯坦先后建功，劳尔的进球没能激发主队的斗志，皇马只能眼睁睁地看着拉科队长弗兰从西班牙国王胡安·卡洛斯手里接过了国王杯。

赛前的爆炸

皇马对巴塞罗那的半决赛，第二回合较赛前4小时，一辆汽车炸弹在距离伯纳乌120米处轰然炸响。这起由西班牙恐怖组织"埃塔"计划的恐怖事件造成了16人轻伤，也为赛前的马德里笼罩了恐怖气氛。半小时后，又有一辆汽车炸弹在马德里大使大街爆炸。不过，爆炸声后比赛如期举行，皇马主场1比1巴萨，以总比分3比1愉悦地晋级决赛。

第9冠的大英雄

在皇马第9次捧起冠军杯的决赛里，齐达内和卡西利亚斯无疑是球队登顶的最大英雄。法国人为皇马打入第二球，那条已经载入史册的进球轨迹被人们称为"电影般的轨道"。在第68分钟顶替受伤的主力门将塞萨尔登场的卡西利亚斯，则用数次匪夷所思的扑救，帮助皇马将优势保持到了终场哨响。这场决赛让齐达内从伟大变得更加伟大，也让卡西利亚斯从默默无闻到一战成名。

16强战图

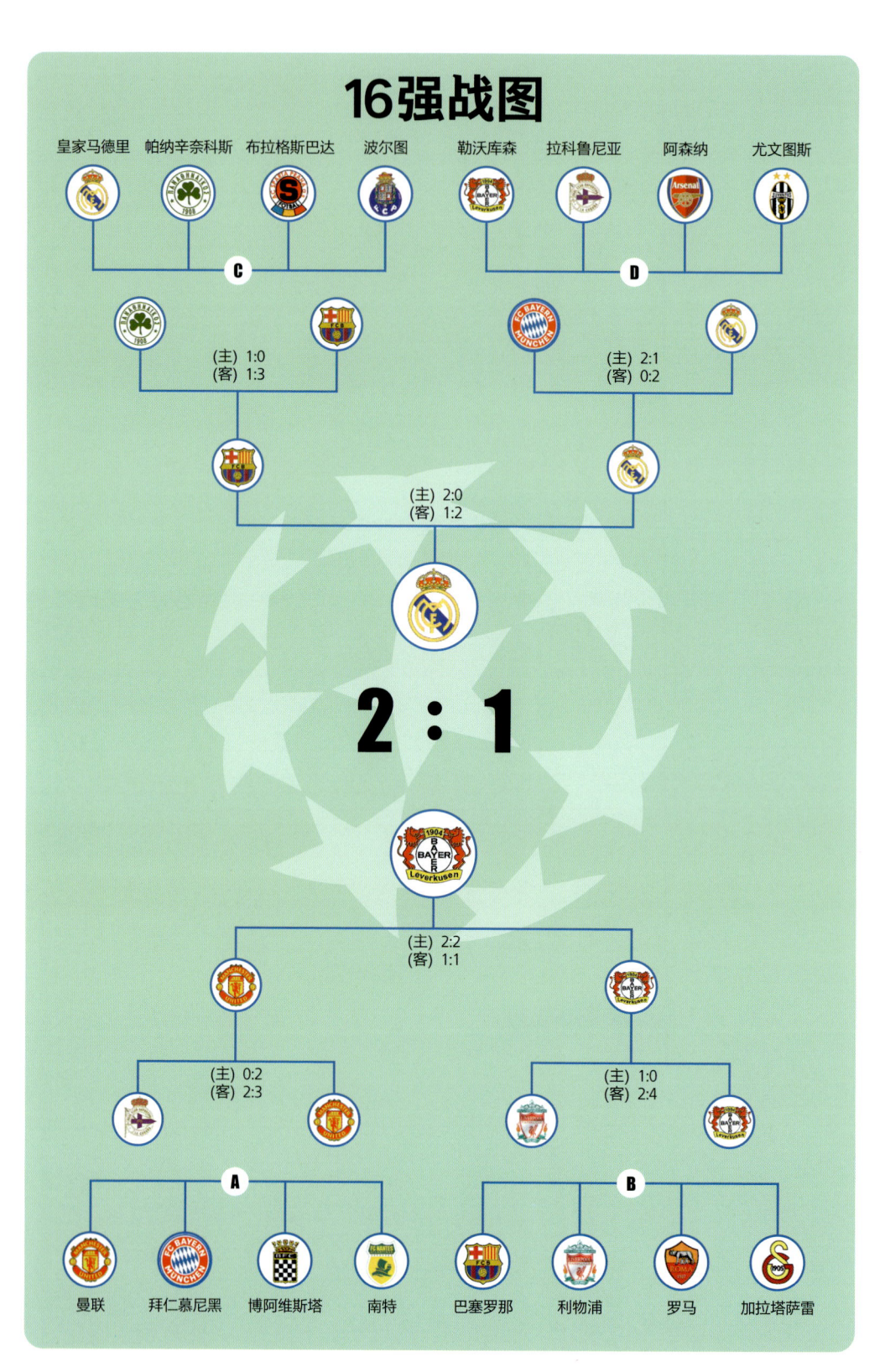

皇家马德里　帕纳辛奈科斯　布拉格斯巴达　波尔图　勒沃库森　拉科鲁尼亚　阿森纳　尤文图斯

C　　　　　　　　　　　　　　　　D

(主) 1:0　　　　　　　　　　　　　(主) 2:1
(客) 1:3　　　　　　　　　　　　　(客) 0:2

(主) 2:0
(客) 1:2

2：1

(主) 2:2
(客) 1:1

(主) 0:2　　　　　　　　　　　　　(主) 1:0
(客) 2:3　　　　　　　　　　　　　(客) 2:4

A　　　　　　　　　　　　　　　　B

曼联　拜仁慕尼黑　博阿维斯塔　南特　巴塞罗那　利物浦　罗马　加拉塔萨雷

114

决赛

2002.5.15-格拉斯哥汉普顿公园球场　　　　　　　　　　　　　　　　主裁判：迈尔（瑞士）

2 : 1

皇家马德里			勒沃库森
(442)			(442)
塞萨尔68'	门将	门将	布特
萨尔加多	后卫	后卫	65'塞贝岑
耶罗			济夫科维奇
埃尔格拉			90'卢西奥
卡洛斯			普拉森特
菲戈61'	中场	中场	B.施奈德
马克莱莱73'			拉梅洛
齐达内			巴斯图尔克
索拉里			巴拉克
劳尔	前锋	前锋	诺伊维尔
莫伦特斯			39'布尔达里奇

替补

麦克马纳曼61'			39'贝尔巴托夫
卡西利亚斯68'			65'基尔斯滕
弗拉维奥73'			90'巴比奇

进球

8'劳尔		1:0	
		1:1	卢西奥14'
45'齐达内		2:1	

射手榜

1	范尼斯特尔鲁伊（曼联）	10球	劳尔（皇家马德里）	6球
2	特雷泽盖（尤文图斯）	8球	特里斯坦（拉科鲁尼亚）	6球
3	索尔斯克亚（曼联）	7球	巴拉克（勒沃库森）	6球
	亨利（阿森纳）	7球	埃尔伯（拜仁慕尼黑）	6球
5	康斯坦蒂努（帕纳辛奈科斯）	6球	克鲁伊维特（巴塞罗那）	6球

2013/2014
安切洛蒂的BBC

自2001/2002赛季，齐达内的进球给皇马带来了第9个欧冠奖杯，并为俱乐部百年华诞献礼之后，伊比利亚半岛的白色巨人似乎陷入了沉睡，第10个欧冠奖杯有些姗姗来迟了。

"穆三年"的魔咒没有放过皇马，在穆里尼奥执教皇马3个赛季后，葡萄牙教头与皇马决裂，在2012/2013赛季结束后交出了帅印。接过穆里尼奥教鞭的是彼时还在巴黎圣日耳曼的安切洛蒂。旧时代的结束，新时代的到来，永远是经久不变的主题。

在"老佛爷"一年一巨星的政策下，价值9100万欧元的贝尔如约而至，彼时那个从白鹿巷球场出来的少年尚且带些青涩。贝尔到来之后，此后名震天下的BBC组合正式成型。与同时期巴萨的MSN组合相比，BBC组合并不是在联赛上攻城略地，似乎他们更喜欢在欧冠中建功立业。

在小组赛中，皇马就表现了恐怖的进攻火力，6场比赛中打入20球。在与沙尔克04的首回合较量中，皇马的BBC组合再次让世人感受到了他们恐怖的攻击力，三人各自上演梅开二度，彻底征服了沙尔克04。2014年葡萄牙里斯本光明球场见证了这一届欧冠决赛，来自马竞和皇马献上的同城德比，尽管比分锁定在了4比1，但是皇马赢得并不轻松。里斯本之夜的第93分钟，比赛结束前最后20秒，拉莫斯又一次拯救了皇马，在加时赛中皇马士气大振，贝尔、马塞洛和C罗连进3球，如此，皇马的第10个欧冠冠军被里斯本见证了。

2013/2014赛季的欧洲赛场，焦点终于从前几年的西班牙转移到德国，因为前一赛季德甲双雄拜仁和多特蒙德会师欧冠决赛，也因为被认为是这个时代最出色、最有影响力的两位名帅穆里尼奥和瓜迪奥拉都离开了西班牙。

赛季初期，欧冠夺冠热门只有一个，那就是拜仁，他们是新科三冠王，并在2013年欧冠半决赛面对昔日欧洲足坛统治者巴萨时，取得两回合7比0的压倒性胜利，这让人们相信，一个新的王朝就此诞生。昔日巴萨王朝的缔造者瓜迪奥拉转战慕尼黑，强强联手更让人看好拜仁的前景。欧冠亚军多特蒙德则损失了中场核心格策，他被拜仁启动解约金条款挖走，黄黑军团只能期待继续扮演黑马角色。

皇马挖来金牌教练

热度仅次于拜仁的两支球队自然是皇马和巴萨，尽管他们与拜仁有一定差距。巴萨签下巴西天才内马尔，对攻击线助益颇多，但最为薄弱的防线和老化的中场都缺乏重要引援，新帅马蒂诺更是从南美直接空降欧洲，球队整体不够完整也不够平衡。

皇马此前已连续3个赛季打进欧冠半决赛，但主帅穆里尼奥与俱乐部决裂，于2012/2013赛季结束后离开。皇马斥资9100万欧元从托特纳姆引进威尔士边锋贝尔，更重要的签约是从巴黎圣日耳曼挖来安切洛蒂，作为穆里尼奥的继任者。在瓜迪奥拉和穆里尼奥的时代之前，安切洛蒂是欧洲足坛最成功的主帅，闯荡意甲、英超、法甲都拿到过联赛冠军，还率领AC米兰两夺欧冠。他善于处理更衣室关系，最适合收拾穆里尼奥给皇马留下的残局。

马竞早早露出黑马相

小组赛过后，拜仁、皇马、巴萨和多特蒙德如人们所料均以头名身份晋级，让人意外的是，马竞以16分与皇马一同成为成绩最好的小组第一，而拜仁则是15分，巴萨13分，多特蒙德只拿到12分，与同组的阿森纳、那不勒斯同分，靠小分优势才抢到头名。马竞此时已露出黑马相，此前的赛季，他们在国王杯决赛中加时2比1击败主场作战的皇马，终结14年德比不胜纪录。

1/8决赛完全是实力说话，几大热门球队顺利过关，其中皇马9比2淘汰沙尔克04的总比分最为悬殊。最重量级的对决是英超冠军曼城对抗西甲冠军巴萨，然而巴萨对于首次从小组赛晋级的曼城而言实在太过强大，他们双杀对手，总比分4比1过关。

巴萨终结光荣传统

很多人都认为，到了1/4决赛，欧冠才真正开始，顶级较量终于上演。两场备受关注的

对决是皇马对多特蒙德、巴萨对马竞。2012/2013赛季半决赛，多特蒙德主场4比1大破皇马一战晋级，莱万多夫斯基成为欧冠对皇马上演大四喜的第一人。一年后再度交手，格策转会、莱万受伤的黄黑军团威风不再，皇马主场3比0复仇。

在客场，由于主将C罗因伤缺阵，皇马实力和信心大损，罗伊斯梅开二度，最后时刻多亏卡西利亚斯连续扑出姆希塔良的射门，皇马才得以晋级。

巴萨在主场1比1扳平马竞，没占到任何便宜，客场只是0比1小负，但比赛完全被马竞控制。刚开场马竞就发起疾风骤雨般的进攻，科克第5分钟就首开纪录，此前阿德里安已命中横梁，此后比利亚又射中门柱，7个赛季以来首次无缘欧冠4强的巴萨输得心服口服。另两场对阵，拜仁两回合4比2逆转弗

格森退休后由莫耶斯接手的曼联，穆里尼奥的切尔西则在主场上演绝地翻盘，巴黎圣日耳曼饮恨出局。

瓜迪奥拉受辱后道歉

皇马在淘汰赛中连续遇到3个德国对手，半决赛抽中拜仁被视为提前上演的决赛。但与最终结果不同的是，赛前大多数人都认为拜仁才是夺冠热门。这两回合尤其是皇马主场的首回合，堪称该赛季欧洲足坛最经典的战役。安切洛蒂设计了一场完美的防守反击，客队拜仁从比赛伊始就完全控制了中场，直到本泽马第18分钟反击进球前，皇马只越过3次中线，伯纳乌一片寂静，所有西班牙电视台和电台解说员都在着急，因为似乎拜仁的进球随时都会到来。

最终皇马带着1比0的优势来到慕尼黑，并以4比0大胜拜仁，拉莫斯和C罗分别梅开二度。这是拜仁欧冠淘汰赛主场最大比分失利，也是瓜迪奥拉教练生涯最大比分失利，他赛后向球员和高层道歉，承认犯了战术错误。该赛季此前比

2013/2014

2014年5月24日决赛打入2比1逆转之球后，亿元先生贝尔冲到场边狂喜庆祝。

原声

2014年5月25日

拥有C.罗纳尔多和贝尔的皇马，在里斯本光明球场鏖战至加时赛最终4比1获胜，历史上第10次夺得欧冠。决赛中马竞长时间处于比分领先的状态，却在补时第3分钟被拉莫斯头球扳平，并于加时赛中崩盘——贝尔、马塞洛和C罗连入3球，这也是C罗本赛季创纪录的欧冠第17球。

这场欧冠历史上第一次决赛同城德比的结果，令安切洛蒂追平佩斯利，成为史上仅有的两位三夺欧冠的主帅之一。

赛中，拜仁只有两次定位球失球，而这一战就被拉莫斯两次定位球头球得手。另一场对决中，马竞主场0比0战平切尔西，做客斯坦福桥却以3比1大胜，穆里尼奥称马竞是公平的比赛胜利者。

马竞又倒在终点线前

两支来自西班牙首都马德里的球队，在邻国葡萄牙首都里斯本碰面了，这是欧冠决赛历史上首次同城德比。马竞主帅西蒙尼冒险派上受伤病折磨的主力中锋迭戈·科斯塔，结果他只踢了8分钟便再次受伤，被阿德里安换下。马竞队长戈丁第36分钟头球首开纪

121

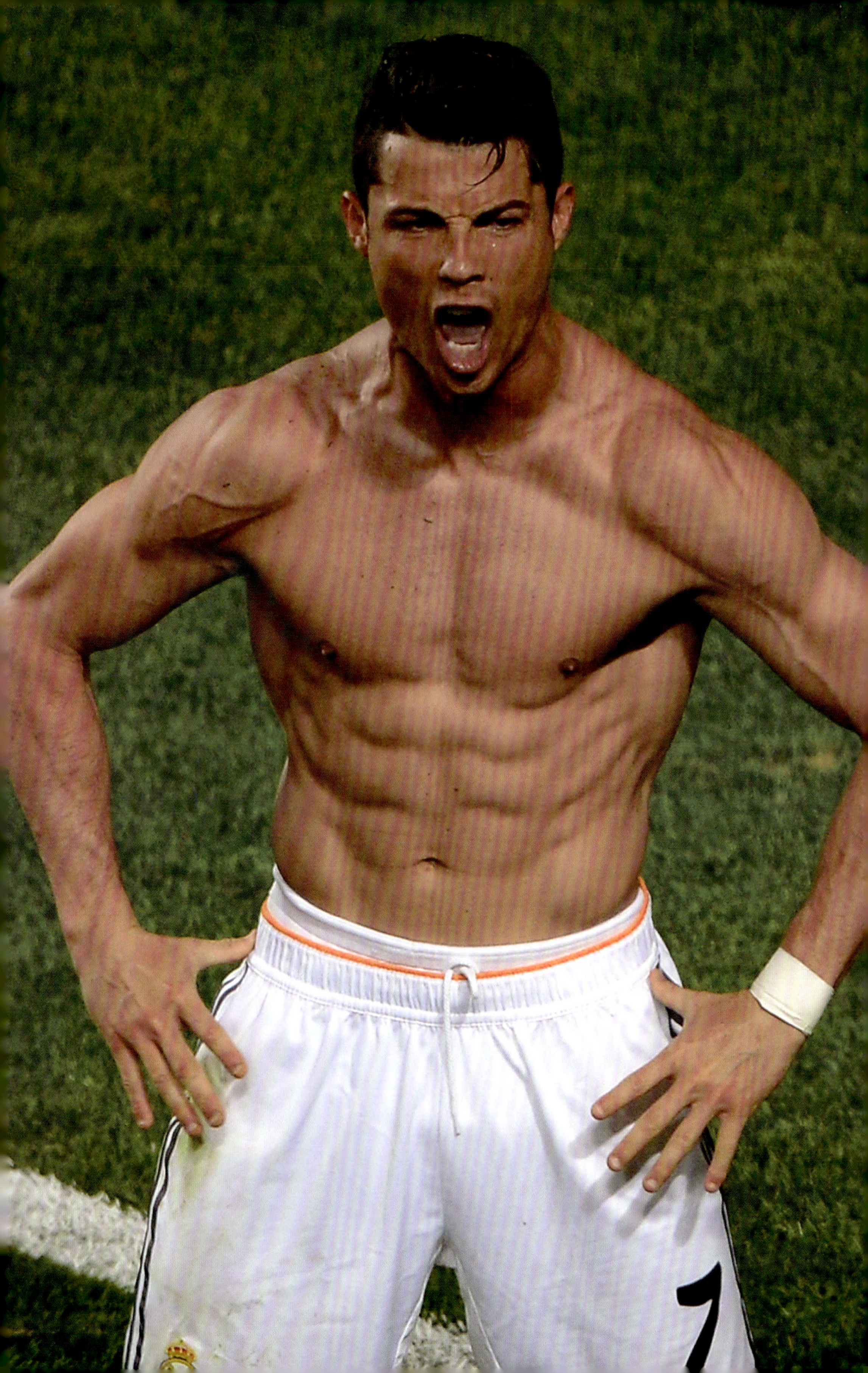

- 2014年5月24日决赛点球锁定4比1胜局后，C罗脱下球衣怒吼秀肌肉。
- 赛后更衣室中，第三次夺取欧冠的安切洛蒂与助理教练齐达内共捧冠军杯庆祝。

录，随后马竞转为防守反击，拉莫斯再次成为皇马英雄，全场补时第3分钟扳平比分，方式又是头球。

加时赛中，体能耗尽且有多人受伤的马竞溃不成军，贝尔和马塞洛相继进球，最终C罗用点球锁定4比1的比分，这是他本赛季欧冠第17球，刷新赛事纪录。12年后，皇马终于捧起了梦寐以求的第10座欧冠奖杯，安切洛蒂则以3冠1亚成为欧冠史上战绩最辉煌的主帅。马竞则再次倒在终点线前，1974年欧冠决赛，他们最后时刻被拜仁扳平，重赛0比4惨败成就了对手王朝的兴起。

2013/2014

夏日记事

● 迪斯蒂法诺逝世

2014年7月7日，皇马荣誉主席迪斯蒂法诺去世，享年88岁。在梅西之前，迪斯蒂法诺与贝利、马拉多纳、克鲁伊夫并称为四大"世界球王"，他率领皇马在欧冠创立之初夺得五连冠，并在5场决赛中打进7球，与队友普斯卡什成为决赛进球最多的球员。

● 德国夺世界杯，赠巴西 7:1

第20届世界杯从6月12日到7月13日在足球王国巴西举行，德国队第4次夺冠追平意大利，只落后五冠巴西，并成为首支在美洲捧起世界杯的欧洲球队。决赛90分钟里，德国与阿根廷战成0比0进入加时赛，格策第113分钟打入制胜球。几乎以一己之力将阿根廷带入决赛的梅西当选赛事金球奖。

东道主巴西半决赛1比7惨败给德国震惊世界，这是世界杯半决赛最大比分，也是巴西队史上最大比分失利，此前的纪录是1920年0比6输给乌拉圭。2010年冠军西班牙小组赛前两轮连败后提前出局，被认为是本届赛事最令人失望的球队之一。

● 苏亚雷斯咬人后加盟巴萨

小组赛次轮，伤愈复出的苏亚雷斯梅开二度帮助乌拉圭2比1击败英格兰，末轮对意大利的生死战，苏亚雷斯咬了意大利后卫基耶利尼。这是苏牙职业生涯第3次咬人，国际足联开出超级罚单，禁止他参与足球活动4个月，并在国家队禁赛9场正式比赛。4个月禁足令并未阻止巴萨以8100万欧元高价从利物浦引进苏亚雷斯，他与梅西、内马尔组成南美三叉戟。

● 皇马引进世界杯巨星

皇马主席弗洛伦蒂诺向来有收购世界杯球星的习惯，本届杯赛后购入了冠军德国队中场指挥官克罗斯，并斥资8000万欧元从摩纳哥买下赛事金靴、哥伦比亚中场哈梅斯·罗德里格斯。1/8决赛，J罗对乌拉圭梅开二度，首开纪录的抽射被评为本届世界杯最佳进球。

123

全景

那不勒斯，首支12分出局队

　　贝尼特斯率领的那不勒斯与上届亚军多特蒙德、传统劲旅阿森纳同分到死亡之组，该组另一支球队为马赛。直到最后一轮前，那不勒斯、阿森纳和多特蒙德都有机会晋级。伊瓜因第73分钟终于为主场作战的那不勒斯攻破阿森纳城池，此时多特蒙德对马赛仍是平局，这种局面下多特蒙德将被淘汰，结果格罗斯克罗伊茨第87分钟挽救了黄黑军团，此时那不勒斯必须净胜3球方可出线，可他们只赢了2比0。三队最终同积12分，都是双杀马赛、相互间1胜1负，最终比较小分，那不勒斯成为欧冠历史上首支12分出局队。

尤文图斯补赛惨遭淘汰

　　意甲冠军尤文图斯与皇马、加拉塔萨雷同组，前5轮1胜3平1负，末轮客场不输给加拉塔萨雷方可晋级，否则对手晋级。意大利名帅曼奇尼赛季中途从特里姆手中接过加拉塔萨雷教鞭，欧冠首秀便在客场与宿敌尤文图斯战平。生死战进行到第32分钟，伊斯坦布尔突降暴雪，比赛被迫中断。次日比赛继续，场地条件糟糕，而且比赛中又出现暴雪，但裁判没再终止比赛，德罗巴第85分钟助攻斯内德绝杀"老妇人"（下图为两人在雪地中庆祝）。尤文图斯主帅孔蒂赛后抗议："我们是在泥石流中踢的比赛。"

莫耶斯的欧冠续命稻草

弗格森退休后选中莫耶斯作为接班人，结果曼联成绩糟糕，在英超、足总杯、联赛杯中全线溃败，球迷甚至租用飞机在赛场上空挂出让莫耶斯下课的标语。唯一支撑着他的便是欧冠，曼联获小组头名出线，1/8决赛主场翻盘奥林匹亚科斯，跌跌撞撞闯进8强。1/4决赛首回合曼联主场1比1战平拜仁，次回合客场埃夫拉先进1球，之后红魔惨遭3球逆转。赛季尾声，莫耶斯终于下课，吉格斯出任代理主帅至赛季末，之后将由范加尔执掌曼联。

葡萄牙为"黑豹"默哀

2014年1月5日，葡萄牙传奇前锋尤西比奥因心脏病离世。葡萄牙全国为其默哀3天，不少欧洲球队也在比赛时对他进行了悼念。尤西比奥绰号"黑豹"，是葡萄牙历史上最伟大的球员，帮助本菲卡夺得1962年欧冠冠军，帮助葡萄牙获得1966年世界杯季军并穿走金靴，1965年他还捧起了金球奖。

巴萨前主帅比拉诺瓦逝世

比拉诺瓦于2014年4月25日去世，他在2012/2013赛季率领巴萨西甲百分夺冠，另外他作为瓜迪奥拉的助手为巴萨夺得14项冠军，铸就了一个王朝。2013年夏天，比拉诺瓦因发现癌症复发而辞职，阿根廷人马蒂诺成为其接班人。比拉诺瓦去世正赶上欧冠半决赛，瓜迪奥拉执教的拜仁等俱乐部公开对他进行了哀悼。

巴萨主席辞职风波

2014年1月23日，巴萨主席罗塞尔宣布辞职，因为当地法官在内马尔转会案中对他展开调查，罗塞尔涉嫌瞒报内马尔转会的具体金额，内马尔的转会金额从最初公布的4500万欧元上升到5700万欧元，甚至可能过亿。罗塞尔在任时，巴萨夺得了2011年欧冠冠军，但此后的内马尔案和巴萨引进未成年球员被国际足联处以两个转会窗口禁令，被视为罗塞尔执政失败的证据。

16强战图

沙尔克04　皇家马德里　圣彼得堡泽尼特　多特蒙德　奥林匹亚科斯　曼联　阿森纳　拜仁慕尼黑

(主) 1:6　　　　(主) 2:4　　　　(主) 2:0　　　　(主) 0:2
(客) 1:3　　　　(客) 2:1　　　　(客) 0:3　　　　(客) 1:1

(主) 3:0　　　　　　　　　　　　(主) 1:1
(客) 0:2　　　　　　　　　　　　(客) 1:3

(主) 1:0
(客) 4:0

4 : 1

(主) 0:0
(客) 3:1

(主) 1:1　　　　　　　　　　　　(主) 3:1
(客) 0:1　　　　　　　　　　　　(客) 0:2

(主) 0:2　　　　(主) 0:1　　　　(主) 0:4　　　　(主) 1:1
(客) 1:2　　　　(客) 1:4　　　　(客) 1:2　　　　(客) 0:2

曼城　巴塞罗那　AC米兰　马德里竞技　勒沃库森　巴黎圣日耳曼　加拉塔萨雷　切尔西

决赛

2014.5.24-里斯本光明球场　　　　　　　　　　　　　　　　　　主裁判：克伊佩尔斯（荷兰）

4 : 1

皇家马德里 (433)			马德里竞技 (442)
卡西利亚斯	门将	门将	库尔图瓦
卡瓦哈尔	后卫	后卫	胡安弗兰
瓦拉内			米兰达
拉莫斯			戈丁
科恩特朗 59'			83' 菲利佩
莫德里奇	中场	中场	66' 劳尔·加西亚
赫迪拉 59'			蒂亚戈
迪马利亚			加比
贝尔	前锋		科克
本泽马 79'		前锋	9' 迭戈·科斯塔
C.罗纳尔多			比利亚

替补

马塞洛 59'		9' 阿德里安
赫迪拉 59'		66' 索萨
莫拉塔 79'		83' 阿尔德韦雷尔德

进球

	0:1	戈丁 36'
90+3' 拉莫斯	1:1	
110' 贝尔	2:1	
118' 马塞洛	3:1	
120' C.罗纳尔多（点）	4:1	

射手榜

1 C.罗纳尔多（皇家马德里）	17球	贝尔（皇家马德里）	6球
2 伊布（巴黎圣日耳曼）	10球	8 内格雷多（曼城）	5球
3 迭戈·科斯塔（马德里竞技）	8球	比达尔（尤文图斯）	5球
梅西（巴塞罗那）	8球	托马斯·穆勒（拜仁慕尼黑）	5球
5 阿圭罗（曼城）	6球	罗伊斯（多特蒙德）	5球
莱万多夫斯基（多特蒙德）	6球	本泽马（皇马）	5球

2015 / 2016

齐祖执教力夺首冠

2015/2016赛季过半，没人会认为皇马还有争夺欧冠冠军的资本：他们解雇了贝尼特斯，一个真正的马德里主义者。前利物浦冠军教头在皇马做了很多事情，比如尝试着让伊斯科进入首发，让贝尔持球，给C罗一卷录像带，让他看看"真正的前锋有哪些良好习惯"。

上半程结束，皇马在联赛大幅度落后巴萨，C罗在欧冠小组赛只打进两球。他们看着巴萨的MSN组合杀遍欧洲，看着老对手在没有梅西的情况下，在伯纳乌送给自己一场4比0。

一切都会过去，但那些过不去的，永远不会成为亲切的怀念。他们请来了齐达内，安切洛蒂时代的印记之一，在皇马B队尚处于练级阶段——哪怕是资历最老的皇马球迷，都会将这当成球队重建的信号。

但齐达内的心气终究还在，球员时代加盟皇马第一年，他用一脚"天外飞仙"为皇马

带来了一个欧冠冠军，无论是皇马还是齐达内，都需要一座奖杯，来激发自己的嗜血本能。

过去的半个赛季，对皇马而言并非一无所获：C罗没去看贝尼特斯的录像，但他终究走上了未曾设想的道路，向一名纯得分手迈进，卡塞米罗和莫德里奇、克罗斯的组合有着十足的化学反应，佩佩迎来了职业生涯的又一个春天……

整理完一切，齐达内的眼神再度充满了杀气。他和皇马将用半个赛季的时间展开一场豪赌，用自己的教练生涯，和皇马的百年基业做赌注，赌输了，球队将面临两个赛季四大皆空；赌赢了，欧冠奖杯将成为白衣军团的战利品，在马德里献给丰收女神。

"你们是想看着巴萨、拜仁、马竞夺冠，踩在皇马的尸体上书写传奇，还是干掉他们，征服整个世界？"

最终的结局，是皇家马德里俱乐部用极致的赛场呈现，给一整个赛季的浮沉起落盖棺定论。队史第11个欧冠冠军，落袋。

小组赛唯曼联掉队

本赛季欧冠小组赛阶段，"黑马当道，豪门吃瘪"的态势，并未在总体上呈现出来。大部分小组中的豪门都顺利晋级到淘汰赛，皇马、马竞、巴萨、切尔西、拜仁均以小组头名出线。上赛季亚军尤文图斯则在小组赛中被曼城压过一头，1/8决赛抽到了德甲班霸拜仁，最终止步16强。

H组的竞争中，俄超的圣彼得堡泽尼特在小组赛中表现强势，锋霸久巴和胡尔克接连为球队建功，比利时的根特也成为黑马，与泽尼特一同出线。本组的两支五大联赛球队巴伦西亚和里昂不幸双双出局。D组的塞维利亚获得小组第三，虽未晋级欧冠淘汰赛，却再次开启欧联杯的征程。塞维利亚在本赛季完成了欧联杯三连冠，将欧联杯踢成了"塞维利亚杯"，也是另一种赢家。

上赛季末范加尔接手曼联，却未曾想在本赛季欧冠遭遇打击。小组赛首战，曼联就客场负于埃因霍温。随后尽管奋起直追，但在末轮对阵沃尔夫斯堡时遗憾败北，埃因霍温也以2分优势进入淘汰赛。曼联的出局，与球队在赛季初遭遇的伤病有着密不可分的关系。后防线多名大将接连受伤，状态出色的左后卫卢克·肖在小组赛首战就遭遇断腿惨剧。中场卡里克和弗莱彻，不得不经常客串中卫，而能打后场多个位置的布林德也难称稳定。末战狼堡，马夏尔为曼联首开纪录，但红魔最终因防线不支，宣告出局。

狼堡险些咬死未来冠军

1/8决赛，皇马凭借主客场两个2比0的比分，兵不血刃地战胜了罗马，却险些在1/4决赛跌倒。小组赛阶段将曼联挤出淘汰赛的沃尔夫斯堡在战胜根特之后，首次闯入欧冠8强，在1/4决赛中面对皇马。面对皇马这样的对手，首回合开打之前，就连沃尔夫斯堡自家球员都显得有些底气不足。主场迎战皇马一役，狼堡给了皇马当头一棒，在上半场就取得两球领先，将优势保留到了终场。BBC组合没能完成破门获得客场进球，本泽马还在本场比赛中伤退。赛季中途接手的齐达内，遭遇到了不小的信任危机。

从历史战绩来看，首回合0比2告负时，次回合翻盘者着实不多，只有博彩公司对皇马依然看好。关键战役前，不少主帅都会发起号召，鼓励主队球迷来到主场为球队造势。这一次，皇马头牌C罗站了出来，在接受采访时表示，希望获得更多球迷的呐喊和支持。主场迎战狼堡，C罗率先打入两球将总比分扳平。或许是忌惮于本方没有客场进球，皇马在之后的比赛中有所收缩，不敢投入太多兵力大举进攻。

曾几何时，任意球是C罗

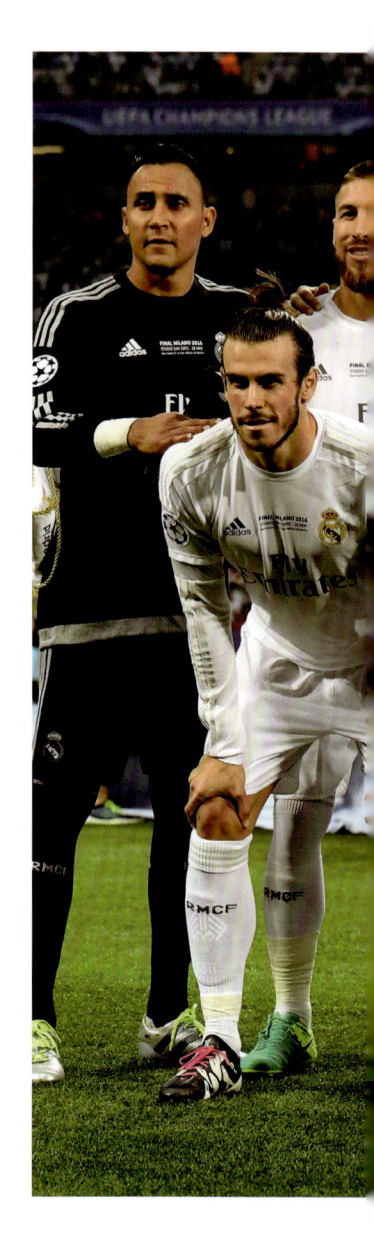

的得分利器，也是他的拿手好戏。但在加盟皇马的最初几个赛季后，C罗任意球得分数量却有所下滑。离比赛结束不到15分钟时，莫德里奇前场得球后向禁区前插被绊倒，皇马获得了位置不错的前场任意球。C罗罚出的球穿过了人墙缝隙直入球门下角，皇马最终3比0完成大逆转晋级，C罗也完成了帽子戏法。

马竞再度功败垂成

在西蒙尼率领下，马竞已经成为欧冠中的一支强大力量，两年前闯入欧冠决赛，马竞就险些登顶成功。本季欧冠，马竞以小组头名跻身淘汰赛，通过点球艰难淘汰埃因霍温之后，马竞与巴萨遭遇。首回合马竞1比2客场落败，托雷斯的客场进球为马竞留住了希望的种子。次回合较量，马竞当家球星格列兹曼终于爆

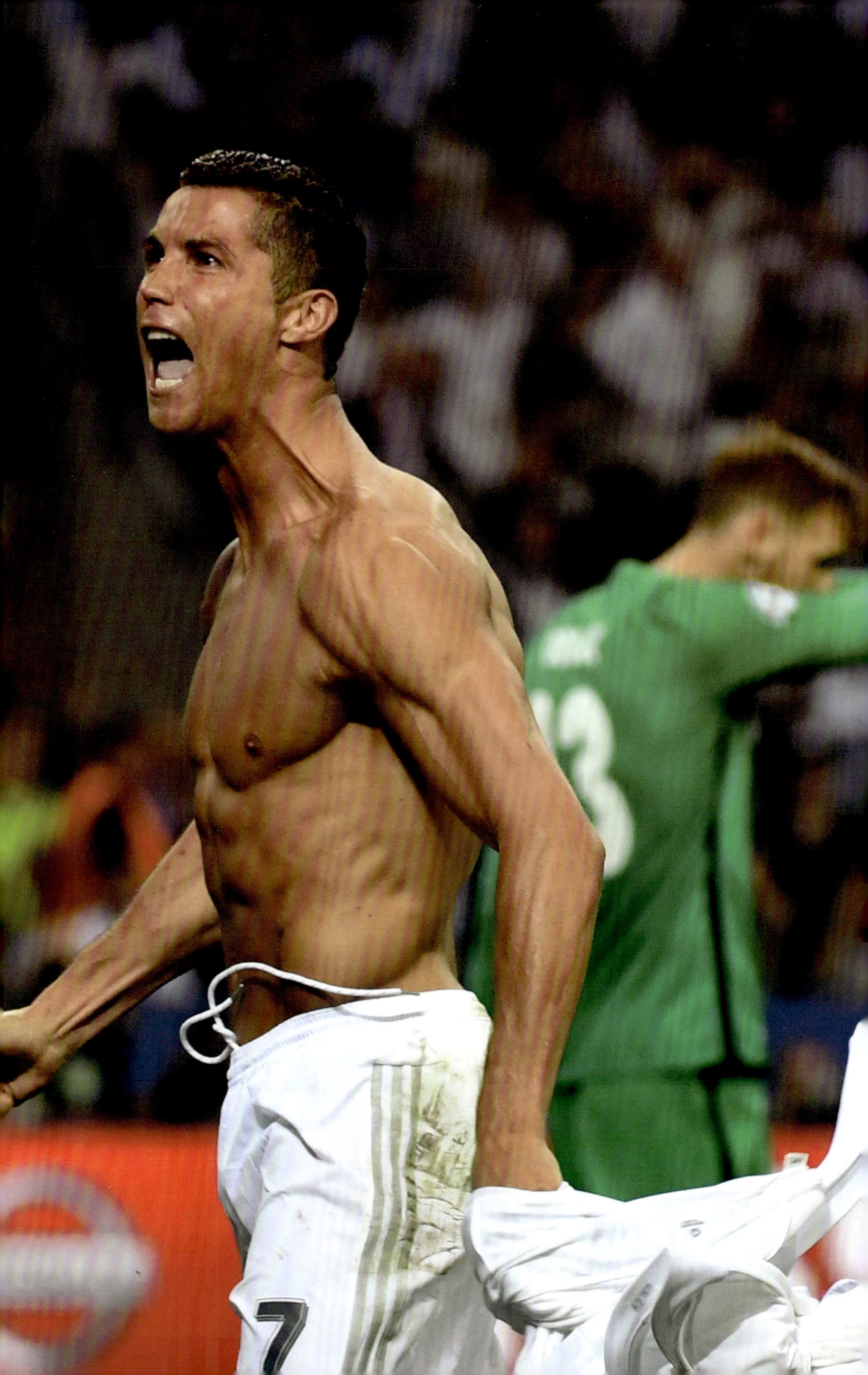

- 2016年5月28日欧冠决赛点球大战攻入制胜一球后，C罗脱衣庆祝，身后马竞门将奥布拉克郁闷擦汗。
- 2016年5月28日欧冠决赛，双方头牌C罗（右）与格列兹曼追逐皮球。

发，他在上半场打入一个头球，佐证了主帅西蒙尼"头球能力与身高无关"这一论断，此时，马竞已经占据主动。比赛结束前，格列兹曼罚入一个点球，助球队晋级半决赛。

小将萨乌尔，成为马竞晋级决赛的功臣。半决赛首回合马竞坐镇主场迎战拜仁，萨乌尔在第11分钟一路突进，连过拜仁数名防守球员打入一记精彩绝伦的进球。之前一个赛季，萨乌尔就曾在联赛的马德里德比完成倒钩破门。再逢关键场次，拥有大心脏的萨乌尔戏耍了拜仁的中后场防守。次回合马竞客场1比2告负，最终凭借客场进球优势进入决赛。

两年之后再战皇马，马竞主帅西蒙尼仍在，锋线靠山已从迭戈·科斯塔，换成了格列兹曼。而皇马这一边，传奇球星齐达内已接过了皇马的教鞭，成为"银河战舰"的新掌舵人。在圣西罗球场进行的这场决赛，有众多马德里双雄球迷来到米兰城，期待见证球队夺冠。开场后不久，两年前决赛在最后时刻为皇马扳平比分的拉莫斯首开纪录。不过，拉莫斯的这个进球有越位嫌疑。

丢球后的马竞阵脚并未慌乱，下半场伊始，马竞获得点球，格列兹曼却将球罚丢。第79分钟，马竞终于抓住机会，卡拉斯科接胡安弗兰横传抢点破门，将比分扳平。加时

133

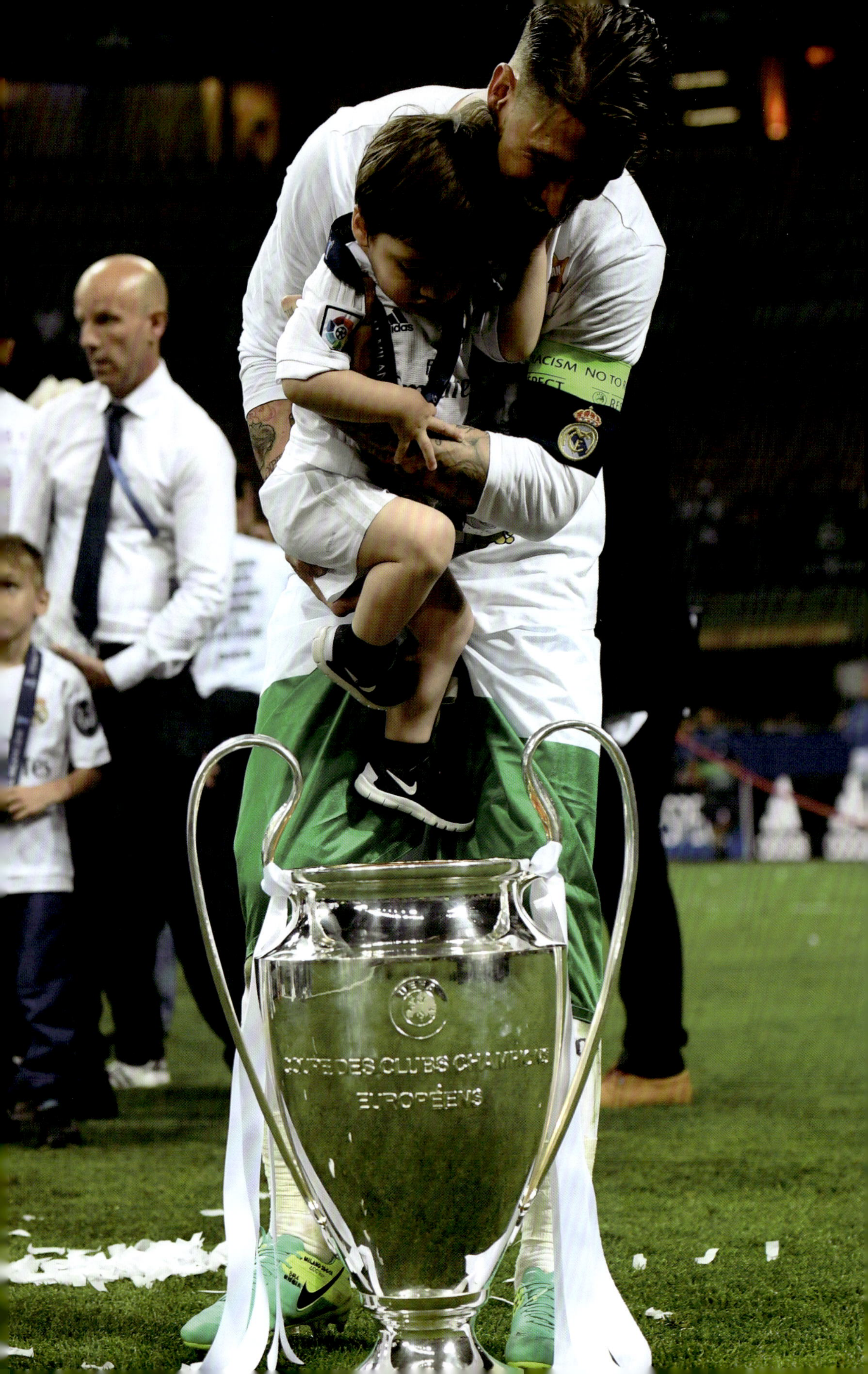
adidas
EUROPÉENS

2016年5月28日欧冠决赛后，皇马队长拉莫斯尝试将儿子放进奖杯中。

赛双方均无建树，两队进入点球大战。此前助攻卡拉斯科得分的胡安弗兰，却在关键时刻掉了链子，将点球罚丢。随着C罗命中点球，皇马在决赛中再一次战胜马竞，夺得队史第11座欧冠奖杯。

2015/2016赛季，齐达内中途接手皇马一线队，夺得欧冠的成绩，令人感到惊喜，也令自己的一线队执教生涯，拥有了高光开局。但这场失利对于马竞而言，也未免太过残酷。两年之前，马竞距离触摸欧冠奖杯，或许只差一分钟。再次与欧冠冠军擦肩而过时，马竞熬到了点球大战，又输给了"俄罗斯轮盘赌"。罚丢点球的胡安弗兰赛后走向马竞看台，请求床单军团的拥趸原谅。再次决赛折戟的西蒙尼，甚至因此一度情绪消沉，萌生退意。好在西蒙尼最终决定留下，他与皇马在欧冠赛场上的恩怨，也将继续上演。

夏日记事

● 葡萄牙欧洲杯夺冠

2016年法国欧洲杯，葡萄牙小组赛表现不佳，依靠末战3比3战平匈牙利，葡萄牙才以小组第三的身份出线。由于同组的冰岛小组赛末轮战胜奥地利，葡萄牙幸运地分到了竞争相对较小的半区。淘汰赛阶段，葡萄牙先后战胜克罗地亚、波兰和威尔士，一路闯进决赛。另一边，东道主法国连克爱尔兰、冰岛和德国，与葡萄牙会师决赛。C罗在决赛中首发出战，但开场就伤退离场。回到更衣室经简单处理，C罗回到场边为队友鼓劲，葡萄牙凭借埃德在加时赛的进球击败东道主法国，捧得欧洲杯冠军，C罗也在国家队收获了冠军头衔。

● 百年美洲杯智利再克阿根廷

2016年适逢美洲杯百年，百年美洲杯比赛在美国举行。上一年的美洲杯比赛中，阿根廷与智利在决赛相遇，东道主智利在点球大战中胜出夺冠。此番两队再度会师决赛，阿根廷又一次倒在了点球大战。赛后心灰意冷的梅西，曾一度宣布退出国家队，好在经后来上任主帅巴乌萨的努力，梅西最终回归。这次决赛失利后，阿根廷接连三年大赛决赛中告负。

● 内马尔率巴西男足奥运摘金

2016年里约奥运会，内马尔领衔巴西男足出战。作为足球王国，巴西此前却仍未在奥运会上摘得男足金牌。4年前的伦敦，巴西在决赛中1比2负于墨西哥留下遗憾。这次主场作战，巴西男足由内马尔、热苏斯和加布里埃尔·巴尔博萨领衔锋线，桑巴军团在决赛中与德国1比1战平，点球大战巴西胜出，内马尔罚入制胜点球后喜极而泣。

● 博格巴破纪录转会

2016年8月，曼联宣布签下尤文图斯中场博格巴，这位出道于曼联的球员完成了回归。据英国媒体报道，博格巴的转会费达到了8900万英镑，约合1.05亿欧元，刷新了当时国际足坛的转会身价纪录。

全景

托蒂谢幕战获伯纳乌掌声

伯纳乌的看台向来严苛，却也不吝将掌声送给值得尊重的对手。带领球队在此获胜的小罗和皮耶罗，都曾获得伯纳乌的掌声。这个赛季，伯纳乌将掌声送给了一位年近不惑的老将。欧冠1/8决赛，皇马主客场两回合都以2比0的比分击败罗马，次回合来到伯纳乌，托蒂在下半场披挂上阵。托蒂登场之时，伯纳乌看台上的球迷全体起立，向这位罗马队魂表达敬意。

马竞女足门将贺皇马夺冠

本季欧冠决赛，皇马再次战胜马竞登顶，而床单军团又一次遗憾地与冠军擦肩而过。决赛结束后，皇马球迷开始了疯狂的庆祝，马竞球迷只有黯然神伤。不过在欢庆的皇马球迷当中，却有一个身份有些特别的身影——马竞女足B队门将萨拉·埃斯克罗身着皇马球迷衫与好友庆祝皇马夺冠，并将照片发在了社交媒体。这一行为，也自然遭到马竞球迷的激烈批评。

马特拉齐决赛前夸齐达内

2006年世界杯决赛，齐达内一头顶翻了马特拉齐，蓝衣军团捧起了大力神杯，齐达内则就此结束了球员生涯。这个赛季，中途接手的齐达内带皇马一路杀进了欧冠决赛。对于这位老对手，马特拉齐也在赛前称赞："齐达内很出色，皇马在他的带领下也终于回归正轨。"在决赛前发布会，当有记者向齐达内问起，是否听说过马特拉齐希望加入皇马教练组的传闻时，齐祖明确表示："不需要！"

C罗淘汰赛首戴帽

1/4决赛对阵狼堡，皇马首回合客场两球落败。次回合回到主场，C罗用帽子戏法拯救了皇马，导演了这场大逆转好戏。同时，这也是C罗首次在欧冠淘汰赛中上演帽子戏法。

瓜氏拜仁连续3季止步4强

本季欧冠半决赛，瓜迪奥拉执掌的拜仁在半决赛中遭遇马竞。首回合客场，萨乌尔用一次单骑闯关进球戏耍了整条拜仁防线，次回合拜仁虽2比1获胜，但最终因客场进球劣势遭到淘汰。至此，瓜迪奥拉的拜仁已经连续三年止步欧冠半决赛，而淘汰拜仁的分别是西甲三强：皇马、巴萨和马竞。

西蒙尼赛后视频连线儿子

半决赛次回合，马竞在客场1比2负于拜仁，凭借客场进球优势晋级决赛。这也是西蒙尼率领马竞，在三年内第二次进入欧冠决赛。比赛结束后，西蒙尼迫不及待地想与家人分享这份喜悦，他在走回更衣室后，又出现在了看台上，拿出手机与自己的二儿子视频连线，十分开心。

2015/2016

16强战图

| 巴黎圣日耳曼 | 切尔西 | 基辅迪纳摩 | 曼城 | 根特 | 沃尔夫斯堡 | 罗马 | 皇家马德里 |

- 巴黎圣日耳曼 vs 切尔西：（主）2:1（客）2:1
- 基辅迪纳摩 vs 曼城：（主）1:3（客）0:0
- 根特 vs 沃尔夫斯堡：（主）2:3（客）0:1
- 罗马 vs 皇家马德里：（主）0:2（客）0:2

- 巴黎圣日耳曼 vs 曼城：（主）2:2（客）0:1
- 沃尔夫斯堡 vs 皇家马德里：（主）2:0（客）0:3

- 曼城 vs 皇家马德里：（主）0:0（客）0:1

皇家马德里 1 : 1 马德里竞技 点球（5:3）

- 马德里竞技 vs 拜仁慕尼黑：（主）1:0（客）1:2

- 巴塞罗那 vs 马德里竞技：（主）2:1（客）0:2
- 拜仁慕尼黑 vs 本菲卡：（主）1:0（客）2:2

- 阿森纳 vs 巴塞罗那：（主）0:2（客）1:3
- 埃因霍温 vs 马德里竞技：（主）0:0（客）0:0（点球）7:8
- 尤文图斯 vs 拜仁慕尼黑：（主）2:2（客）2:4
- 本菲卡 vs 圣彼得堡泽尼特：（主）1:0（客）2:1

阿森纳　巴塞罗那　埃因霍温　马德里竞技　尤文图斯　拜仁慕尼黑　本菲卡　圣彼得堡泽尼特

决赛

2016.5.28-米兰圣西罗球场　　　　　　　　　　　　　　　　　主裁判：克拉滕伯格（英格兰）

1:1
点球 5:3

皇家马德里 (433)			马德里竞技 (442)
克洛尔·纳瓦斯	门将	门将	奥布拉克
卡瓦哈尔52'	后卫	后卫	胡安弗兰
塞尔吉奥·拉莫斯			萨维奇
佩佩			戈丁
马塞洛			109'菲利佩
莫德里奇	中场	中场	萨乌尔·尼格斯
卡塞米罗			加比
克罗斯72'			46'奥古斯托·费尔南德斯
贝尔	前锋		116'科克
本泽马77'		前锋	托雷斯
C.罗纳尔多			格列兹曼

替补

达尼洛52'		46'费雷拉-卡拉斯科
伊斯科72'		109'卢卡斯·埃尔南德斯
卢卡斯·巴斯克斯77'		116'托马斯·帕蒂

进球

15' 塞尔吉奥·拉莫斯	1:0	
	1:1	费雷拉-卡拉斯科 79'

点球

卢卡斯·巴斯克斯√	√格列兹曼
马塞洛√	√加比
贝尔√	√萨乌尔·尼格斯
塞尔吉奥·拉莫斯√	×胡安弗兰
C.罗纳尔多√	

射手榜

1	C.罗纳尔多（皇家马德里）	16球		久巴（圣彼得堡泽尼特）	6球
2	莱万多夫斯基（拜仁慕尼黑）	9球	8	吉鲁（阿森纳）	5球
3	苏亚雷斯（巴塞罗那）	8球		哈维尔·埃尔南德斯（勒沃库森）	5球
	托马斯·穆勒（拜仁慕尼黑）	8球		威廉（切尔西）	5球
5	格列兹曼（马德里竞技）	7球		伊布（巴黎圣日耳曼）	5球
6	梅西（巴塞罗那）	6球			

2016 / 2017
皇马实现卫冕神迹

"**我**们要在比赛中表现出足够的侵略性，耐心点，控制球权，把主动权从尤文身上夺回来。"欧冠决赛中场休息，齐达内找回了曾经的自信与沉着。

一年前的欧冠决赛，皇马刚刚找回状态，便碰上了马竞，一路上踩着钢丝过河，赢下了这场不能输的决赛。恍惚间，只用了半个赛季，皇马便成了欧洲状态最好的球队之一，当赛季西甲最后12轮，"银河战舰"全胜收官，落后巴萨1分屈居亚军，明眼人都看得出来，齐达内的帅位稳稳当当，来年的皇马将回到属于自己的位置上。

自欧冠改制以来，还没有球队能实现欧冠卫冕的神迹，但皇马上下似乎并不执着打破这项纪录。赛季开始前，赫塞离开伯纳乌加盟巴黎，"老佛爷"动用回购条款，从尤文买来了一位马德里主义者，天天喊着"加盟皇马是我的梦想"的莫拉塔，事后

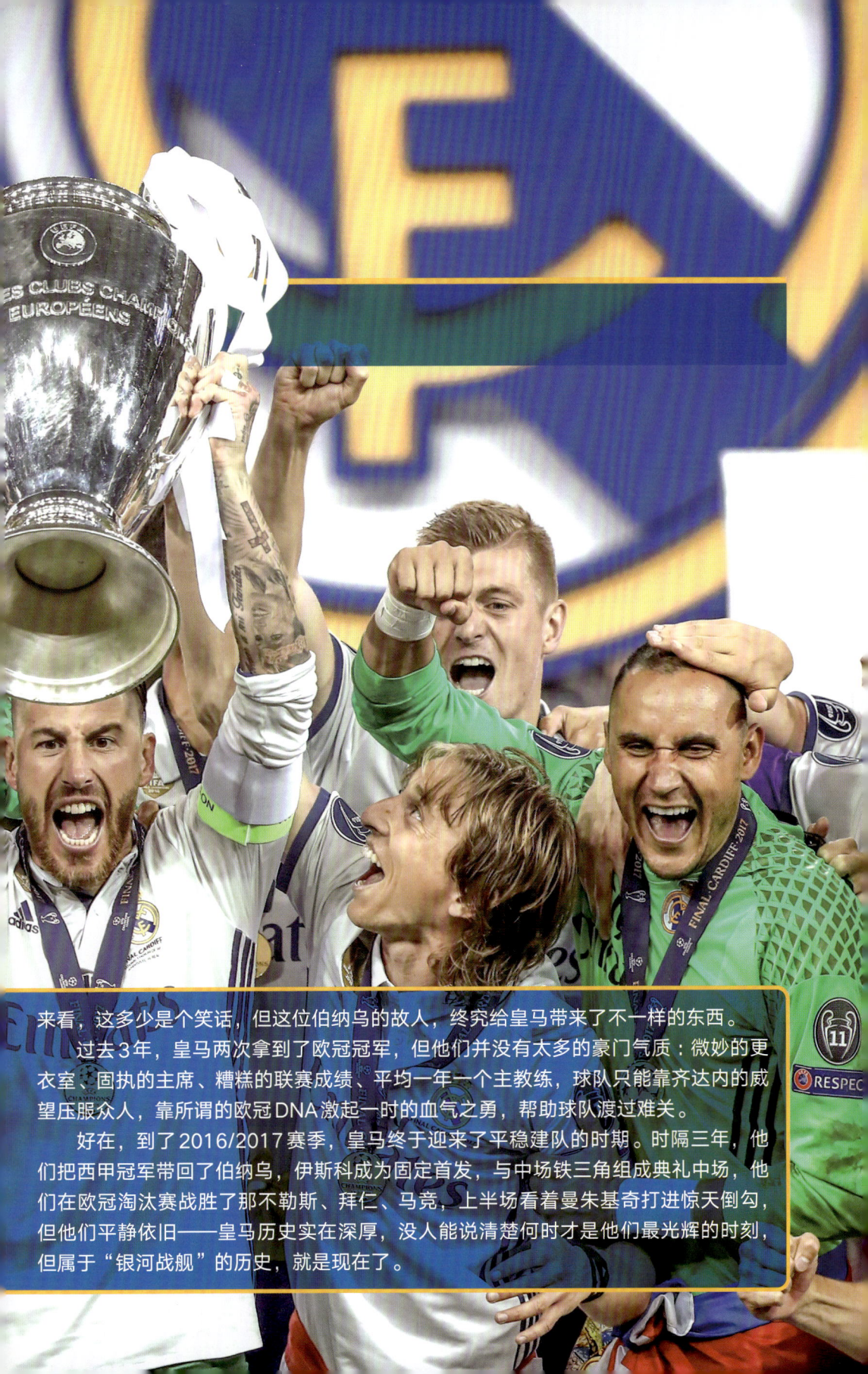

来看，这多少是个笑话，但这位伯纳乌的故人，终究给皇马带来了不一样的东西。

过去3年，皇马两次拿到了欧冠冠军，但他们并没有太多的豪门气质：微妙的更衣室、固执的主席、糟糕的联赛成绩、平均一年一个主教练，球队只能靠齐达内的威望压服众人，靠所谓的欧冠DNA激起一时的血气之勇，帮助球队渡过难关。

好在，到了2016/2017赛季，皇马终于迎来了平稳建队的时期。时隔三年，他们把西甲冠军带回了伯纳乌，伊斯科成为固定首发，与中场铁三角组成典礼中场，他们在欧冠淘汰赛战胜了那不勒斯、拜仁、马竞，上半场看着曼朱基奇打进惊天倒勾，但他们平静依旧——皇马历史实在深厚，没人能说清楚何时才是他们最光辉的时刻，但属于"银河战舰"的历史，就是现在了。

巨头纷纷降档小组第二

欧冠附加赛罗马对阵波尔图，两队首回合1比1战平，次回合罗马主场对阵波尔图，红狼握有一个客场进球，晋级形势原本大好。但刚开场，罗马就被攻入一球陷入被动，最终0比3出局。斯帕拉蒂没有给40岁的老队长托蒂在主场披挂上阵拯救球队的机会，罗马队魂就此告别欧冠，留下一个身披替补背心，在场边煎熬热身的孤寂背影。

小组赛阶段，众家豪门并没有出现太多的意外，只有英超季军托特纳姆热刺折戟小组赛，被摩纳哥和勒沃库森挡在了16强门外。巴萨与曼城被分在了同一小组，初入曼城的瓜迪奥拉再次面对巴萨，与恩里克率领的巴萨的两回合过招，结果两队各自在自己的主场取得胜利。由于小组赛遭遇三场平局，曼城最终位列小组第二。

由于罗马在附加赛出局，那不勒斯和尤文图斯就成了意甲的代表，两队的表现没有令拥趸失望，各自以小组第一出线。反观巴黎圣日耳曼、拜仁和皇马三支豪强，虽然出线无虞，却都掉到了小组第二。这也使得1/8决赛的竞争变得悬念重重，更加激烈。与尤文图斯同组的塞维利亚从小组中突围，桑保利上任后，给这支安达卢西亚球队注入了新的活力，甚至在赛季中期一度排名西甲联赛次席。

本赛季欧冠的1/8决赛含金量颇高，皇马遭遇近几个赛季火力强悍的那不勒斯，巴萨与巴黎圣日耳曼狭路相逢，阿森纳力压巴黎获得小组第一，却不幸再次与拜仁抽到了一起。巴萨和拜仁，也成了兵工厂近几年欧冠的"老友"。2012/2013赛季，阿森纳小组赛就与拜仁同组止步小组赛，之后一个赛季，阿森纳与拜仁相遇16强，兵工厂遭淘汰出局。2015/2016赛季，两队又被分在同组。

此番对阵拜仁，阿森纳输得几乎体无完肤，首回合客场就遭遇1比5的惨败。执教阿森纳多年，温格在这一赛季遭遇到了严重的信任危机。次回合坐镇主场，阿森纳铆足一口气志在翻盘，开场后便向拜仁发起猛烈进攻，但科斯切尔尼的红牌让阿森纳的希望破灭，莱万罚中点球，拜仁又开启了狂轰滥炸模式，在酋长球场再次给阿森纳送上了5比1的比分。

巴萨完成史诗逆转

与阿森纳在首回合遭遇相似的是恩里克麾下的巴萨。16强抽签，当巴萨与巴黎分到一起时，不少媒体和球迷感叹的是大巴黎的时运不济。从2012/2013赛季到2015/2016赛季，巴黎在1/8决赛中轮番遭遇巴萨和切尔西，其中只有2015/2016赛季战胜切尔西闯

➲ 2017年6月3日欧冠决赛夺冠后，皇马队长拉莫斯挂着金牌、抱着儿子在场内庆祝，儿子手里拿着一块剪下的球网。

REAL MADRID CF

2009–2018

2005–2021

入下一轮。历史战绩不佳的巴黎圣日耳曼，首回合开打前并不被看好。

不过，上赛季冲破切尔西的巴黎，在首回合主场给出了一个令人吃惊的答案，4比0大胜巴萨。是役巴萨状态奇差，中后场配合衔接大失水准，给了主队多次机会。虽然失去了伊布这个旗帜性锋霸，但巴黎阵中其他进攻手此战纷纷建功，迪马利亚独中两元，德拉克斯勒和卡瓦尼的进球锁定4球领先。终场前巴萨虽然奋起反击，但终究无果，未能斩获一个保留希望的客场进球。

欧冠的惨败，也催动了巴萨的主帅更迭。客场惨败两周之后，巴萨在联赛中6比1大胜希洪竞技。不过在赛后例行记者会上，恩里克主动宣布，将在季末合同到期后，不再担任球队主帅。恩里克的离去决定，虽然此前已有多家媒体预测，但在欧冠1/8决赛次回合前宣布，时机也略显微妙。或许是宣布离职，让恩里克卸下了所有的包袱，次回合战前，恩里克在赛前新闻会上表示，逆转并非没有希望，考虑到对手也可能会打入一球，因此自己给球队设定的目标，是打入6个进球。这样疯狂的想法，在赛前被当成天方夜谭，但最终，恩里克没有食言。

当地时间3月8日晚，一场在足球历史上都堪称罕见的逆转就这样打响了。上半场结束前，巴萨凭借苏亚雷斯的进球和屈扎瓦的乌龙2比0领先。易边再战，梅西罚入点球，但卡瓦尼的进球，又

- 2017年6月3日欧冠决赛，阿莱士·桑德罗防守C罗。
- 2017年6月3日欧冠决赛夺冠后，C罗接受西班牙首相拉霍伊祝贺。

将巴萨推向了悬崖边。之后的比赛，巴萨的进攻主导由内马尔正式接管，他在88分钟和补时第1分钟打入任意球和点球，将总比分扳为5比5平。由于巴黎握有客场进球优势，巴萨仍需再入一球。最后时刻巴萨全线压上，补时第4分钟，内马尔将球传入禁区，塞尔吉·罗伯托飞身垫射入网，巴萨就此完成惊天逆转。在欧冠这样的顶级舞台首回合0比4失利，却最终完成逆转，巴萨的这场胜利堪称史诗级别。

C罗摧毁马竞尤文钢铁防线

1/8决赛巴萨完成伟大逆转晋级8强，却在尤文图斯的主场再次遭遇惨败。首回合0比3失利的巴萨，这一次没能上演逆转奇迹，最终完败尤文图斯。意甲班霸半决赛遭遇堪称黑马的摩纳哥，后者在本赛季的法甲联赛和欧冠中都扮演着挑战者的决赛，其阵中也涌现出了一众青年才俊，姆巴佩正是个中翘楚。面对老到的尤文图斯，摩纳哥没能像2003/2004赛季那般闯入决赛，而尤文图斯在进入决赛之前，在本季欧冠中仅失三球，决赛对阵皇马，堪称"矛盾大战"。

与尤文图斯防守功力可有一比的是马竞，但与尤文图斯相比，马竞的防线则更加依赖斯洛文尼亚门神奥布拉克的神勇发挥。半决赛中，马竞与皇马再次相遇。赛季初期，齐达内就在皇马推行轮换政策，一向出勤率不低的C罗也不得不在无伤病情况下，缺席比赛，或是被提前换下。对于这一政策，C罗一开始颇有抵触，甚至在被换下时当着齐达内的面发

2016/2017

149

2013–2022

UEFA CHAMPIONS LEAGUE

2009–2023

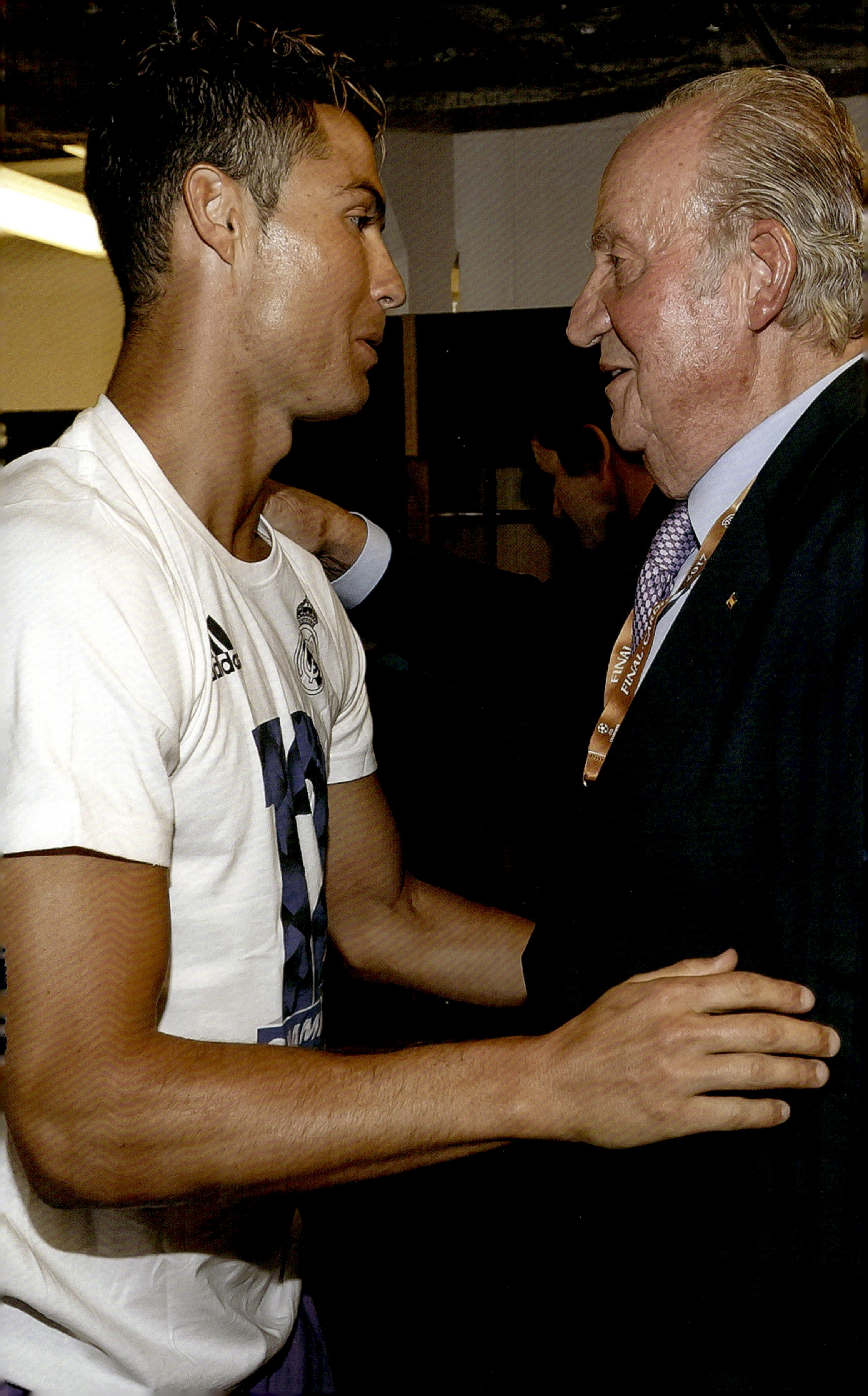
adidas
FINAL
FINAL

2017年6月3日欧冠决赛夺冠后，C罗接受西班牙前国王胡安·卡洛斯一世祝贺。

脾气。

可到了赛季后期，C罗应该能够懂得齐祖的良苦用心。此前几个赛季季末饱受伤病困扰的C罗，在本季末迎来了状态的大爆发。欧冠1/4决赛与拜仁狭路相逢，C罗在客场梅开二度，又在主场完成帽子戏法助球队晋级。半决赛遭遇老对手马竞，C罗又在主场上演帽子戏法，为皇马奠定胜局。而马竞则不得不面对另一个残酷的纪录：连续四个赛季在欧冠中被皇马击败。

尤文图斯坚固的防线，在决赛中却变得脆弱不堪。状态正佳的C罗为皇马打破僵局，曼朱基齐虽打入精彩倒钩，却无法帮助球队抵挡皇马的攻势。卡塞米罗、C罗和阿森西奥接连破门，布冯的欧冠梦想再次破灭。至此，皇马收获了队史第12座欧冠冠军，也成为欧冠改制以来，首支卫冕成功的球队。

夏日记事

● 联合会杯德国夺冠

2017年联合会杯比赛，在2018年世界杯举办地俄罗斯开打。C罗领衔的欧洲杯冠军葡萄牙志在夺冠，但在半决赛负于美洲杯冠军智利。决赛中，智利与世界杯冠军德国相遇。本次联合会杯，勒夫并未派遣全部主力，阵中不少实力小将又去参加了欧青赛。即便如此，德国队还是在决赛中1比0小胜智利，夺得联合会杯冠军。

● 梅西大婚，C罗收获龙凤胎

6月30日，梅西与相恋多年的女友安东内拉终于完婚，两人在婚期已育有两子。梅西婚礼上，众多队友和好友出席。同年夏天，C罗也迎来了人生中的一件大事：收获龙凤胎一双儿女。

● 迭戈·科斯塔转会风波

赛季结束后，切尔西前锋迭戈·科斯塔在一场国家队比赛后向媒体透露，自己收到了孔蒂的短信，被告知自己不在新赛季计划之内。科斯塔与孔蒂，甚至切尔西俱乐部就此决裂，缺席了球队的整个夏季备战和季前热身。希望购回科斯塔的马竞此时介入，但在转会窗口结束前未能与切尔西达成协议。转会截止日过后，马竞与切尔西总算谈妥，科斯塔最终回归马竞。由于禁令原因，科斯塔在2018年1月1日后方可完成注册，为马竞出战。

● 巴黎圣日耳曼4亿豪购

2017年夏季最令人瞩目的转会，当属内马尔被巴黎签下。这桩转会最初由巴西媒体曝出，随后持续发酵，并最终得到证实。巴萨与内马尔的违约金为2.22亿欧元，巴黎最终出资支付违约金，将内马尔签下，这一过程期间，西甲联盟曾出面阻拦，但没能阻止这桩转会。2.22亿欧元的身价，也让内马尔成为国际足坛历史身价最高的球员。上赛季涌现的摩纳哥新星姆巴佩也在这个夏天加盟巴黎，他将先以租借的身份为巴黎效力，巴黎需要在2018年夏天向摩纳哥支付总价达1.8亿欧元的转会费。凭借这一身价，姆巴佩也成为足坛历史身价第二高的球员。

全景

C罗华沙情暖童心

2013年，一位波兰少年因车祸陷入昏迷。住院期间，少年的家人在有C罗的比赛里为他戴上耳机听比赛，希望能借此唤醒他。3个月后，葡萄牙在世预赛中对阵瑞典，当C罗打入第3球时，这位波兰少年终于苏醒。得知此事的C罗，随后邀请他来伯纳乌观看欧冠比赛。本季欧冠皇马与波兰的华沙军团分在同组，赴客场作战时，C罗再次与这位波兰少年见面，与其合影留念。

皇马客战华沙遭遇空场

在此前对阵多特蒙德欧冠小组赛中，华沙军团的极端球迷在看台上燃放烟火、投掷杂物，并对多特蒙德阵中的部分球员进行种族主义攻击。欧足联纪律委员会遂决定处罚华沙军团，在主场与皇马的比赛中关闭看台，禁止球迷入场。

多特蒙德大巴遇袭

1/4决赛首回合，多特蒙德主场对阵摩纳哥。在前往球场的路上，多特蒙德的球队大巴周围发生了3处爆炸。多特蒙德球员和工作人员随即撤离，球队中卫巴尔特拉手部受伤。两队首回合比赛被迫推迟一天进行，而多特蒙德球员的状态也明显受到了这次袭击的影响，主客场两回合皆发挥不佳，最终被摩纳哥淘汰。

C罗欧冠淘汰赛连续戴帽

2016/2017赛季欧冠1/4决赛次回合和半决赛首回合，C罗在皇马对阵拜仁和马竞的比赛中连续两场完成帽子戏法，成为首位在欧冠淘汰赛阶段，连续两场完成帽子戏法的球员。

皇马马竞球迷Tifo互怼

欧冠半决赛，皇马与马竞再度相遇。首回合比赛在伯纳乌展开，皇马球迷在看台上挂出了巨型Tifo，其上绘有皇马此前11次夺得欧冠的城市地图，标语上则写道：你们告诉我，感受到了什么。对于皇马球迷的表态，马竞在次回合主场也用Tifo回击：感受到了什么？自豪！我们可不像你们！

曼联曲线入欧冠 伤兵虐心

穆里尼奥入主曼联的第一个赛季，球队在联赛中表现难以令人满意，欧联杯的比赛，成了穆里尼奥"曲线救队"跻身欧冠的唯一指望。欧联杯决赛，曼联击败阿贾克斯夺冠。赛后庆祝时，伊布、罗霍、阿什利·杨、卢克·肖和巴伊等此前受伤的球员拄拐走入球场，与球队同庆胜利。这个赛季，伤兵满营的曼联，以这样惨烈的方式，获得了下赛季欧冠的入场券。

16强战图

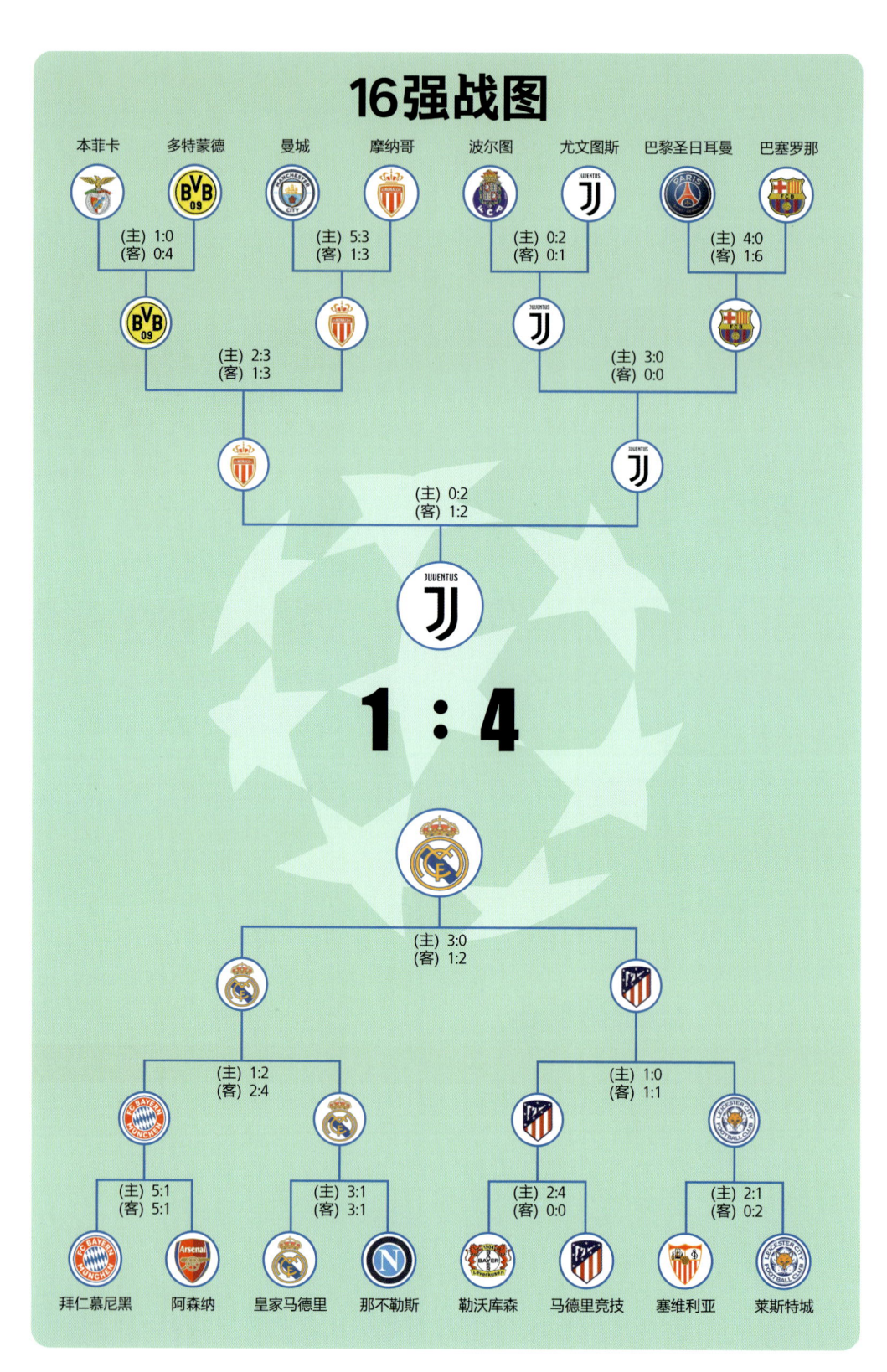

本菲卡	多特蒙德	曼城	摩纳哥	波尔图	尤文图斯	巴黎圣日耳曼	巴塞罗那

- 本菲卡 vs 多特蒙德：(主) 1:0 / (客) 0:4 → 多特蒙德
- 曼城 vs 摩纳哥：(主) 5:3 / (客) 1:3 → 摩纳哥
- 波尔图 vs 尤文图斯：(主) 0:2 / (客) 0:1 → 尤文图斯
- 巴黎圣日耳曼 vs 巴塞罗那：(主) 4:0 / (客) 1:6 → 巴塞罗那

- 多特蒙德 vs 摩纳哥：(主) 2:3 / (客) 1:3 → 摩纳哥
- 尤文图斯 vs 巴塞罗那：(主) 3:0 / (客) 0:0 → 尤文图斯

- 摩纳哥 vs 尤文图斯：(主) 0:2 / (客) 1:2 → 尤文图斯

尤文图斯 1 : 4 皇家马德里

- 皇家马德里 vs 马德里竞技：(主) 3:0 / (客) 1:2 → 皇家马德里

- 拜仁慕尼黑 vs 皇家马德里：(主) 1:2 / (客) 2:4 → 皇家马德里
- 马德里竞技 vs 莱斯特城：(主) 1:0 / (客) 1:1 → 马德里竞技

- 拜仁慕尼黑 vs 阿森纳：(主) 5:1 / (客) 5:1 → 拜仁慕尼黑
- 皇家马德里 vs 那不勒斯：(主) 3:1 / (客) 3:1 → 皇家马德里
- 勒沃库森 vs 马德里竞技：(主) 2:4 / (客) 0:0 → 马德里竞技
- 塞维利亚 vs 莱斯特城：(主) 2:1 / (客) 0:2 → 莱斯特城

拜仁慕尼黑	阿森纳	皇家马德里	那不勒斯	勒沃库森	马德里竞技	塞维利亚	莱斯特城

决赛

2017.6.3-加的夫千禧球场　　　　　　　　　　　　　主裁判：布里希（德国）

1 : 4

尤文图斯（3412）			皇家马德里（4312）
布冯	门将	门将	克洛尔·纳瓦斯
巴尔扎利66'	后卫	后卫	卡瓦哈尔
博努奇			塞尔吉奥·拉莫斯
基耶利尼			瓦拉内
阿尔维斯	中场	中场	马塞洛
皮亚尼奇71'			莫德里奇
赫迪拉			卡塞米罗
阿莱士·桑德罗			89'克罗斯
迪巴拉78'			82'伊斯科
伊瓜因	前锋	前锋	77'本泽马
曼朱基奇			C.罗纳尔多

替补

夸德拉多66'		77'贝尔
马尔基西奥71'		82'阿森西奥
勒米纳78'		89'莫拉塔

进球

	0:1	C.罗纳尔多20'
27'曼朱基奇	1:1	
	1:2	C.罗纳尔多64'
	1:3	卡塞米罗61'
	1:4	阿森西奥90'

射手榜

1 C.罗纳尔多（皇家马德里）	12球	格列兹曼（马德里竞技）	6球
2 梅西（巴塞罗那）	11球	8 梅尔滕斯（那不勒斯）	5球
3 卡瓦尼（巴黎圣日耳曼）	8球	法尔考（摩纳哥）	5球
莱万多夫斯基（拜仁慕尼黑）	8球	本泽马（皇家马德里）	5球
5 奥巴梅杨（多特蒙德）	7球	伊瓜因（尤文图斯）	5球
6 姆巴佩（摩纳哥）	6球		

2017/2018 欧洲称雄冠军三连

　　欧冠卫冕，死敌巴萨失去了关键球员，队内年轻人挑起大梁，如今的皇马似乎迎来了队史最好的时代。球队状况良好，"老佛爷"放松警惕，在这个夏天送走了莫拉塔、J罗、达尼洛等人，收入达到了1.23亿欧元，转会收入净赚了7650万欧元，是西甲当夏转会净收入最多的球队。

　　然而，球队的板凳席遭遇史诗级削弱，隐患已然埋下。赛季开始后，皇马被巴伦西亚和莱万特逼平，主场0比1遭皇家贝蒂斯攻陷，随着球队0比3败给巴萨，"银河战舰"基本上提前退出了本赛季的西甲冠军的争夺。

　　和2015/2016赛季一样，球队坠落，成了对手嘲笑的对象。传奇球队高处不胜寒，相比于建立不朽功勋，大家更愿意看到他们落魄的样子，仿佛将他们从高处拉下来，

大家便能做到人人平等了一般。只不过，皇马本就是最熟悉弱肉强食的球队，他们不需要怜悯，只需要让对手加倍奉还。

在上赛季之前，没有球队能在欧冠改制后完成卫冕，这支皇马是第一支实现欧冠卫冕的球队，也是距离欧冠三连冠最近的球队。于是，巴黎成了皇马的试刀石，在战术和个人能力打不开局面的时候，皇马也只能靠着冠军的血脉完成翻盘了。

欧冠淘汰赛开打，皇马有一套冠军阵容，有一个命硬到离谱的主教练，联赛打不开局面的时候，专精欧冠有时候也会变成逃避的借口，但你终究没法低估这支球队，在残酷而混乱的世界上，大多数物种都将在劫难逃，进入8强后，"银河战舰"已然没有退路了。

老冤家马竞小组出局

此前4个赛季，马竞在欧冠中的表现都堪称优异，并两度闯入决赛。只可惜，马竞两次功败垂成，一次被拉莫斯读秒扳平，另一次倒在点球点。在这4个赛季的欧冠征程中，皇马都扮演了马竞终结者的角色，尽管马竞被皇马所克，但每当两队在欧冠中相遇，一番苦战总归难免。

到了2017/2018赛季，马德里双雄则无缘在淘汰赛碰面，近几年在欧冠踢得风生水起的床单军团仅获一胜，小组出局。首战客平罗马之后，马竞在小组赛次战中又被切尔西绝杀；与卡拉巴赫连续两场战平后，马竞已然失去了出线主动权。不过，小组出局的马竞倒是在欧联杯踢得顺风顺水，最终捧杯，与皇马会师欧洲超级杯。

与罗马、切尔西落入同组的马竞，可谓身处"死亡之组"，而与马竞命运相似的，还有德甲劲旅多特蒙德。本赛季欧冠，"大黄蜂"与皇马和热刺同分在一组，本就状态不佳的多特蒙德小组赛仅收获两场平局，黯然出局。上季欧冠大黑马摩纳哥在阵容失血后没能保持神勇发挥，本赛季意甲险些夺冠的那不勒斯，也没能在拥有曼城的小组中成功突围。

与此前两个赛季的后程发力略有不同，C罗虽然在联赛状态起伏不定，但在欧冠赛场却又仿佛变了个人。小组赛6场比赛，C罗一共打入9个进球，且每场比赛都有进球，创造欧冠纪录。从全队状态来看，皇马在小组赛的表现并不能令拥趸十分满意，在与热刺的两场背靠背比赛中，皇马主场战平客场告负，不得不以小组第二的身份出线。

2005年的伊斯坦布尔奇迹，至今仍为球迷津津乐道。本赛季欧冠，当年的奇迹创造者利物浦，却让对手复制了这一奇迹。小组赛客战塞维利亚，利物浦上半场就已三球领先，似已稳操胜券。中场休息时，塞维利亚主帅贝里索向全队告知了自己罹患癌症的消息。斗志被激发的塞维利亚，在下半场气势如虹连扳三球，没让利物浦带走一场胜利。小组出线的塞维利亚，在1/8决赛淘汰曼联，1/4决赛负于拜仁止步8强。

又见超级逆转！这次巴萨受害

2016/2017赛季欧冠比赛中，最令人惊叹的比赛或许不是欧冠决赛，而是巴萨制造的神迹逆转。首回合0比4惨败后，巴萨次回合6比1获胜晋级。一年之后，巴萨在新帅巴尔韦德的率领下在西甲与国王杯比赛中一路高奏凯歌，一早奠定西甲夺冠基础。巴萨本季在1/4决赛再次成为逆转大戏的主角，所不同的是，巴萨这一次则是被逆转的一方。

1/8决赛淘汰掉老冤家切尔西之后，巴萨在1/4决赛与罗马相遇。状态极佳的巴萨，让舆论普遍认为这是没什么悬

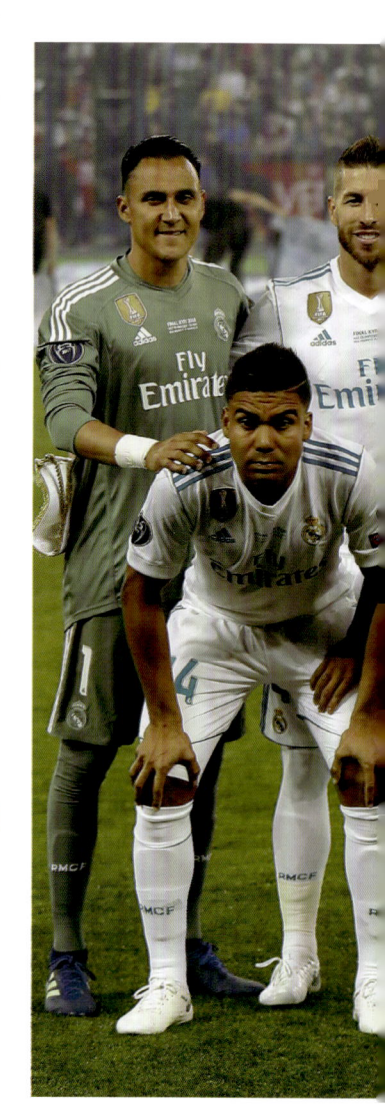

念的两回合对决，而首回合的局面也印证了这一预判：巴萨主场4比1完胜罗马，马诺拉斯与功勋老臣德罗西双双乌龙送礼，几乎已将晋级名额拱手相让。

哲科首回合打入的一记客场进球，成为罗马翻盘逆转的星星之火。1/4决赛次回合，轮换缺乏深度的巴萨体能告急，而首回合的大胜，更是让来到客场的球队缺乏取胜欲望，场上状态全无。哲科开场不久后的进球，掀起了罗马的进攻浪潮，德罗西下半时罚入点球，更是让罗马距离奇迹仅剩一步之遥。第82分钟，同为首回合乌龙罪臣的马诺拉斯利用角球机会头球破门，帮助罗马将总比分扳平，并最终凭借客场进球优势完成神奇逆转，挺进4强。

皇马连克三大联赛冠军

与巴萨同病相怜的，还有瓜迪奥拉执掌的曼城。蓝月亮虽未遭遇逆转，但同样也是在竞争极为激烈的英超联赛一骑绝尘，打破多项纪录。2017/2018赛季，曼城防线进

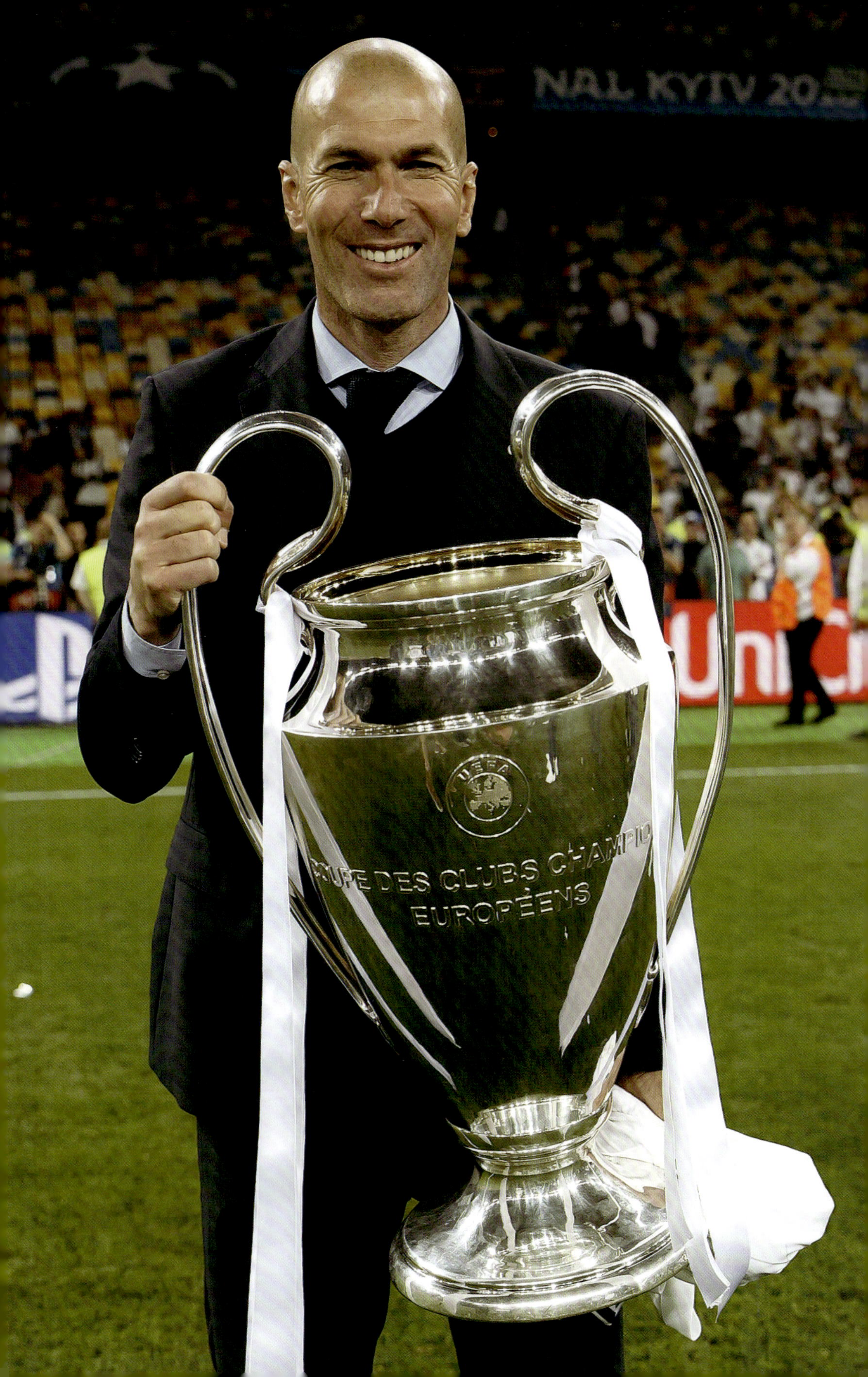
UEFA
DES CLUBS
EUROPÉENS

- 2018年5月26日欧冠决赛，贝尔倒钩破门助皇马再度超出。
- 2018年5月26日欧冠决赛夺冠后，三连冠功勋主帅齐达内抱着奖杯拍照，赛后不久他便宣布辞职。

一步得到巩固，攻击线集群威力爆发，锐不可当。1/4决赛英超内战上演，曼城遭遇到萨拉赫领衔的利物浦，赛前曼城大巴遭遇利物浦球迷攻击，或许是众将惊魂未定，曼城首回合0比3败北，次回合已无力翻盘。利物浦则一路奏凯，挺进决赛。

虽说C罗本季欧冠早早进入状态，但小组赛面对热刺时的全队表现，还是不免让人给皇马的状态打上问号。1/8决赛，力压拜仁获得小组第一的巴黎与皇马相遇，状态正佳的巴黎更被舆论看好。但上赛季被巴萨逆转的巴黎，这一次也没能打出翻身仗，两回合被皇马双杀，再次被"西超"球队淘汰止步16强。

1/4决赛皇马与尤文图斯的两回合对决，集结了多个戏剧性场景。首回合皇马三球完胜，C罗的惊世倒钩，让尤文图斯球迷也由衷地为他送上掌声。尤文球迷的礼遇，令C罗倍感欣喜，对尤文图斯好感度迅速上升的C罗，也在2018年夏天决定将尤文图斯定为自己的下一站。次回合较量，尤文图斯连追三球大有逆转之势，但在比赛最后阶段，巴斯克斯为皇马赢得点球，对判罚极为不满的布冯因对裁判不敬而红牌罚下，英雄留憾，皇马惊险晋级。半决赛皇马遭遇拜仁，这也是皇马在本赛季欧冠淘汰赛中遭遇的第三个联赛班霸，首回合客胜之后，皇马次回合遭遇拜仁猛攻，但德甲巨人后防慷慨送礼，最终助皇马挺进决赛。

皇马与利物浦的决赛较量，与过往的欧冠决赛相比，戏剧性或许难以达到伊斯坦布

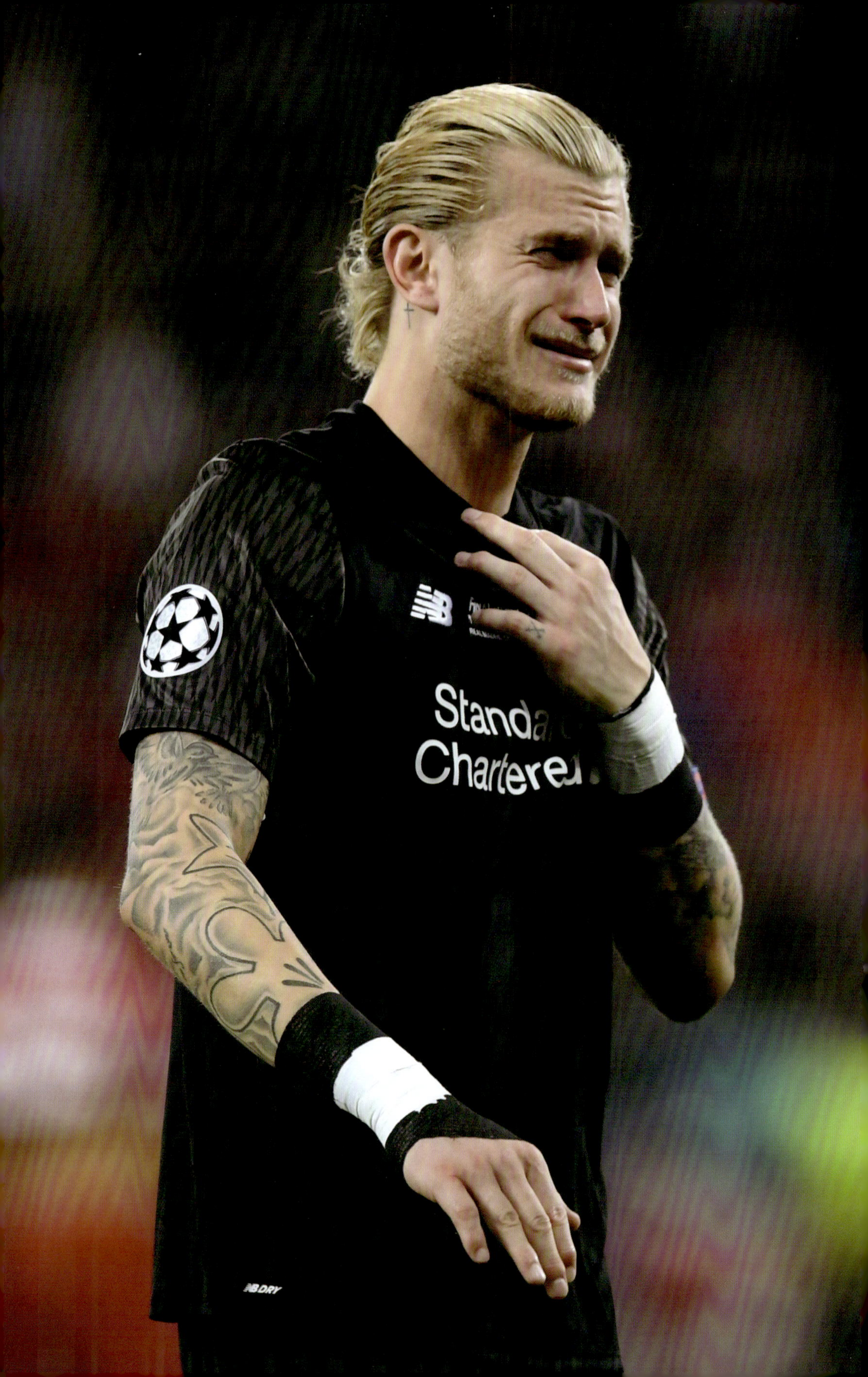
Standa
Chartere
NB DRY

> 2018年5月26日欧冠决赛两次低级失误导致利物浦输球，门将卡里乌斯哭成了泪人。

尔奇迹的高度，但令人大跌眼镜的失误，却成为决定比分胜负的关键。下半场刚开始不久，卡里乌斯手抛球时太过大意，本泽马机敏一挡，为皇马首开纪录。马内随后为皇马扳回一球，但挡不住贝尔的精彩倒钩与卡里乌斯的再次失误，皇马再次卫冕成功。

取得欧冠三连冠的皇马，以共计13座欧冠冠军笑傲欧陆群雄，成为当之无愧的"欧冠之王"。无论是历史总战绩，还是连续3个赛季夺冠、5年豪夺4冠的近几年成绩，都让皇马成为这项顶级赛事中最成功的球队。不过在欧冠登顶之后，C罗在接受采访时挑明离队意向，贝尔对出场时间过少明确表达不满，功勋主帅齐达内决赛几天后宣布离队，还是让皇马的欧冠三连冠神迹，蒙上了一层灰色。

夏日记事

● 法国 20 年后再夺世界杯

第21届世界杯当夏在俄罗斯举办，赛前被视为夺冠大热门的法国队不负众望，一路过关斩将问鼎冠军。本届世界杯，冠军魔咒依旧延续，德国爆冷小组出局。在1/8决赛中，实力强大的西班牙负于东道主俄罗斯，当今世界足坛两大巨星梅西与C罗所在的阿根廷与葡萄牙同样止步16强。非传统豪门克罗地亚跻身决赛，但最终没能让奇迹上演。本届世界杯是首次启用VAR（录像助理裁判）的世界杯，判罚正确率提高的同时，VAR的应用还是引发了一定程度的讨论与争议。在VAR辅助下，俄罗斯世界杯的点球数与定位球得分数激增。

● C 罗转会尤文图斯

欧冠决赛夜，C罗在赛后语出惊人地透露离开皇马的想法。结束俄罗斯世界杯征程后，C罗转会大戏也随之落幕，葡萄牙球星从皇马转会至尤文图斯，签约4年。尽管C罗与皇马的违约金高达10亿欧元，但希望送走C罗的皇马并未以违约金设障，C罗的转会费最终定在1.12亿欧元。在西班牙遭遇的税案以及皇马高层未兑现加薪承诺，是C罗执意离开的原因。C罗的到来，令尤文图斯阵中增添一名巨星，舆论也普遍认为，C罗带来的明星效应将使意甲受益。

● 葡萄牙称雄 U19 欧青赛

2018年U19欧青赛在芬兰举行，葡萄牙国青最终获得冠军。在决赛当中，葡萄牙与意大利战至加时，葡萄牙4比3胜出。本届比赛涌现出不少青年才俊，其中最为突出的当属葡萄牙7号若昂·菲利佩，他在本届比赛中贡献了5个进球和4次助攻。与C罗同为7号且风格相似的若昂·菲利佩，也被视为C罗接班人。

● 恩里克接手斗牛士

俄罗斯世界杯开赛前，皇马官方宣布西班牙主帅洛佩特吉世界杯后将成为皇马主帅，这一行为令西足协主席鲁维亚莱斯怒不可遏。世界杯开幕前一天，西足协宣布洛佩特吉下课，耶罗临时接手主帅一职，此事被西班牙媒体认为是西班牙国家队有史以来经历过的最大危机。世界杯出局后，西足协迅速敲定替代人选，前巴萨主帅恩里克成为新一任主帅。

全景

C罗惊艳倒钩+争议点球

欧冠1/4决赛，上赛季决赛对手皇马与尤文相遇，两回合较量过后留下不少争议与话题。首回合皇马客场3比0完胜尤文，C罗用一记精彩至极的倒钩，让主场的尤文球迷都不禁为他鼓掌。次回合，尤文在皇马主场还以颜色连追三球，终场前巴斯克斯禁区内被贝纳蒂亚放倒，裁判判罚点球，C罗主罚命中助皇马惊险晋级。尤文球员对这次点球判罚极为不满，布冯为此被红牌罚下。比赛结束后的一段时间内，围绕这次点球判罚的讨论一直持续，热度不减。

利物浦球迷袭击曼城大巴

1/4决赛，英超内战上演，本赛季在英超状态极佳的曼城与利物浦相遇。首回合赛前，坐镇主场的利物浦球迷为了给主队壮声势，在曼城大巴驶入安菲尔德的途中向车辆投掷杂物，曼城大巴车窗被砸破。经历此劫的曼城，首回合便以0比3失利，最终无力翻盘。曼城主帅瓜迪奥拉对此怒不可遏，但已无法改变出局的结果。

欧足联+罗马官网剧透乌龙

欧冠决赛，上赛季冠军皇马与利物浦相遇，赛前欧足联官网的决赛海报闹出乌龙，将利物浦直接标注为冠军。尽管欧足联官网对此及时做出更正，但此事还是在社交媒体上引发了不小的讨论。无独有偶，欧冠半决赛抽签之前，罗马官网的售票系统直接将对手选定为利物浦，令人不由得浮想联翩。

萨拉赫决赛伤退

欧冠决赛第26分钟，拉莫斯与萨拉赫在前场争抢球权，两人倒地的同时，萨拉赫的手臂被拉莫斯勾住，埃及前锋因此肩部受伤提前离场。利物浦最终在决赛中负于皇马，而萨拉赫也因伤险些错过世界杯。比赛结束后，利物浦球迷与埃及球迷对拉莫斯展开了口诛笔伐，纷纷指责皇马队长故意犯规，应遭受严惩。

门将连连惊天失误

欧冠决赛利物浦1比3负于皇马，而皇马3个进球中的2个，都源自卡里乌斯的低级失误。本泽马首开纪录的进球，源自卡里乌斯送出手抛球时的漫不经心。在顶级赛事决赛出现如此失误，实属罕见。此前的半决赛次回合，拜仁门将乌尔赖希接队友回传时，第一时间没反应过来不能用手接球，待到准备用脚触球时，球已漏过，本泽马笑纳大礼。

齐达内功成身退

5月27日，皇马在欧冠决赛中击败利物浦，实现欧冠三连冠伟业。就在几天之后，皇马突然召开新闻发布会，主帅齐达内正式宣布了辞职的决定，令人错愕。对于离任的原因，齐达内给出的解释是，皇马在连夺三届欧冠冠军之后，需要有一些改变。但根据西班牙媒体的分析，齐达内执教以来一直背负的巨大压力，以及同弗洛伦蒂诺之间的理念冲突，才是其决定辞职的根本原因。

16强战图

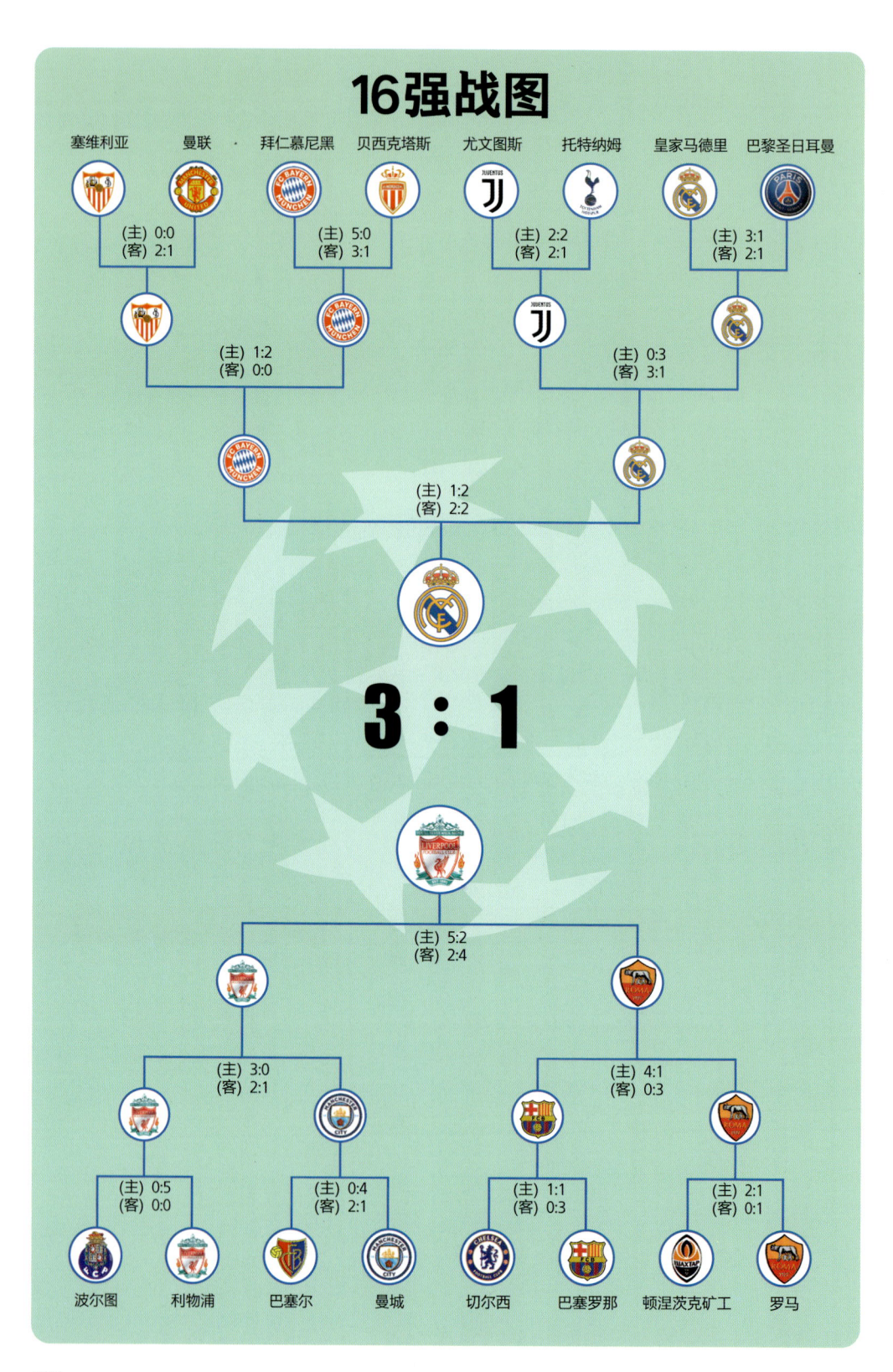

塞维利亚	曼联	拜仁慕尼黑	贝西克塔斯	尤文图斯	托特纳姆	皇家马德里	巴黎圣日耳曼

- 塞维利亚 vs 曼联：(主) 0:0　(客) 2:1
- 拜仁慕尼黑 vs 贝西克塔斯：(主) 5:0　(客) 3:1
- 尤文图斯 vs 托特纳姆：(主) 2:2　(客) 2:1
- 皇家马德里 vs 巴黎圣日耳曼：(主) 3:1　(客) 2:1

- 塞维利亚 vs 拜仁慕尼黑：(主) 1:2　(客) 0:0
- 尤文图斯 vs 皇家马德里：(主) 0:3　(客) 3:1

- 拜仁慕尼黑 vs 皇家马德里：(主) 1:2　(客) 2:2

决赛：皇家马德里 3:1 利物浦

- 利物浦 vs 罗马：(主) 5:2　(客) 2:4

- 利物浦 vs 曼城：(主) 3:0　(客) 2:1
- 巴塞罗那 vs 罗马：(主) 4:1　(客) 0:3

- 波尔图 vs 利物浦：(主) 0:5　(客) 0:0
- 巴塞尔 vs 曼城：(主) 0:4　(客) 2:1
- 切尔西 vs 巴塞罗那：(主) 1:1　(客) 0:3
- 顿涅茨克矿工 vs 罗马：(主) 2:1　(客) 0:1

决赛

2018.5.286-基辅奥林匹克体育场　　　　　　　　　　　　　　主裁判：马日奇（塞尔维亚）

3 : 1

皇家马德里 (442)			利物浦 (433)
克洛尔·纳瓦斯	门将	门将	卡里乌斯
卡瓦哈尔37'	后卫	后卫	亚历山大-阿诺尔德
瓦拉内			洛夫伦
塞尔吉奥·拉莫斯			范戴克
马塞洛			罗伯逊
莫德里奇	中场	中场	83'米尔纳
卡塞米罗			亨德森
克罗斯			韦纳尔杜姆
伊斯科61'	前锋	前锋	31'萨拉赫
本泽马89'			菲尔米诺
C.罗纳尔多			马内

替补

纳乔37'		31'拉拉纳
贝尔61'		83'埃姆雷·詹
阿森西奥89'		

进球

51'本泽马	1:0	
	1:1	马内79'
64'贝尔	2:1	
83'贝尔	3:1	

射手榜

1	C.罗纳尔多（皇家马德里）	15球	哲科（罗马）	8球
2	萨拉赫（利物浦）	10球	7 凯恩（托特纳姆）	7球
	马内（利物浦）	10球	卡瓦尼（巴黎圣日耳曼）	7球
	菲尔米诺（利物浦）	10球	9 内马尔（巴黎圣日耳曼）	6球
5	本·耶德尔（塞维利亚）	8球	梅西（巴塞罗那）	6球

2021 2022
"老佛爷"的重建秘籍

　　2021年开赛前,这支皇马的欧冠夺冠窗口似乎结束了。球队送走了瓦拉内、厄德高,拉莫斯自由身离队,一切都预示着,皇马的重建还没有结束,球队真正补充的即战力,只有一个阿拉巴而已。

　　好在,安切洛蒂还是回来了,和他一起回来的还有体能教练平图斯。此前,为了留住这位魔鬼教练,皇马给了他一份终身合同,但平图斯还是想挑战一下自己,2019年他离开皇马,2020/2021赛季他去了孔蒂的团队,跟着国米夺得当年的意甲冠军。

　　此番回到伯纳乌,平图斯身上的担子很重:他需要提出一份适合年轻人的训练计划,需要让皇马练出制霸欧洲的体能,需要让克罗斯放下他那该死的防晒霜。支线任

务同样繁重，回家后的第一堂训练，"老佛爷"指了指阿扎尔："30万欧元，能不能把他救活？"

因为海拔高达1400米，马德里的夏天不算炎热，以往皇马的训练都会放在自家的卡斯蒂利亚。不过，平图斯的训练强度着实可怕，先是大量的无球跑动，紧接着就是带球训练10000米，首堂训练课，本泽马只坚持了25分钟。

对于莫德里奇和克罗斯等老将而言，伴随着肌肉酸胀，功臣宿将终于找回了曾经的感觉。他们开始在训练场上监督年轻人，对着他们倾囊相授，这些努力看起来是百年树人的工程，但在赛季结束前，冠军的种子即将生根发芽：只要赢下利物浦，皇马将时隔4个赛季再夺欧冠冠军。

小组阶段冷门频出

随着欧洲多国的社会健康风险得到控制，限制措施逐步被取消，2021/2022赛季的欧冠也回归正常模式，之前两个赛季的淘汰赛改为单场淘汰制、空场比赛和更换比赛场地等措施都基本不复存在（2021年底，拜仁主场迎战巴萨的小组赛仍是空场进行）。但本赛季的欧冠赛场迎来了一个重大变化，欧足联在2021年6月宣布，自1965年以来始终执行的欧战客场进球规则取消，从2021/2022赛季开始，进入淘汰赛后将不计算客场进球，如果两队比分持平，将以加时赛和点球大战方式决出晋级队伍。

本届欧冠小组赛阶段总体没有太大意外，但也出现了一些让人意想不到的时刻。队史第一次进入欧冠正赛的新军蒂拉斯波尔警长在小组赛次轮客

之后，巴萨宣告出局，这也是巴萨时隔21年再度在欧冠赛场无缘从小组中出线。除巴萨之外，多特蒙德在一个整体实力不算强势的小组中出局，同样略显意外。其余豪门球队均顺利拿到了出线名额。

利物浦、马竞、波尔图和AC米兰组成了死亡之组，实力更胜一筹的利物浦在小组赛中豪取六连胜，早早锁定出线名额。最后一轮开战前，其余三家均有晋级的机会，最终客场战胜波尔图的马竞成功出线，波尔图以小组第三身份出战欧联杯淘汰赛附加赛，主场输给利物浦的AC米兰则垫底出局，草草结束了时隔8年的又一次欧冠之旅。

小组赛阶段的强强对话同样颇具看点，迎来梅西加盟的大巴黎主场2比0击败曼城，梅西打入了标志性的禁区前远射，这个进球被评为当赛季欧冠小组赛最佳进球；切尔西小组赛次轮0比1客场输给尤文图斯，回到主场以4比0完美复仇，曼联主客场双杀比利亚雷亚尔，报了前一个赛季欧联杯决赛输球的一箭之仇，C罗在主客场均有斩获。

抽签意外孕育死亡分区

16强战抽签阶段，闹出了让人大跌眼镜的乌龙。第一次抽签结束后，C罗领衔的曼联和梅西领衔的大巴黎之间的对决引人注目，马竞与拜仁的强强对话也足够让人期待，但抽签结果出来后，部分俱乐部质疑抽签过程存在差错，最终欧足联宣布，之前的抽签结果作废，并在几小时后重新进行了抽签，"梅罗对决"就此流产。

梅西和C罗所在的大巴黎和曼联分别在淘汰赛第一轮对阵马德里双雄皇马和马竞。之前C罗在欧冠淘汰赛阶段面对马竞的比赛悉数过关，2019年欧冠八分之一决赛，C罗次回合的帽子戏法帮助尤文主场3比0击败马竞，完成了不可思议的大逆转。但这一次西蒙尼的马竞打破魔咒，淘汰曼联杀入8强。巴黎对阵皇马一战更是不可思议，姆巴佩主客场各入一球，让巴黎在次回合进行到第60分钟时还保持总比分两球领先，但本泽马突然爆发，从抢断巴黎门将多纳鲁马完成破门开始，法国人宛如天神下凡，连入3球，直接导演了皇马的大逆转，而梅西和C罗所在的队伍再度双双无缘8强。

埃梅里的比利亚雷亚尔在首回合主场1比1战平尤文图斯情况下，次回合客场以3比0完胜，爆冷晋级，本菲卡淘汰了

🔴 2022年4月13日，皇马在主场伯纳乌淘汰切尔西。本泽马加时赛阶段攻入一粒金子般的进球，率队昂首闯入2021/2022赛季的欧冠4强。

🔵 2022年5月5日，罗德里戈伤停补时阶段高高跃起，潇洒完成梅开二度。凭借他在常规时间尾声的两球，皇马与曼城的当赛季欧冠半决赛次回合对决，被硬生生拖入加时赛。

小组赛6战全胜的阿贾克斯进军8强，其余几轮八分之一决赛均悬念不大，曼城、利物浦、切尔西和拜仁悉数淘汰各自对手。

四分之一决赛重新抽签，皇马、马竞、曼城和切尔西四队组成了"死亡半区"，面对上赛季淘汰过自己的切尔西，皇马首回合凭着本泽马的连场帽子戏法客场3比1占得先机，当所有人认为皇马晋级悬念不

大时，次回合的伯纳乌之战，切尔西一度3比0完成反超，危急时刻莫德里奇外脚背助攻罗德里戈打入决定性进球，本泽马加时破门杀死比赛，皇马有惊无险进入4强。曼城在180分钟肉搏战后，以总比分1比0淘汰马竞，与皇马狭路相逢。另一半区，利物浦兵不血刃战胜本菲卡，但红军等来的对手却不是预想中的拜仁，埃梅里的比利亚雷亚尔再一次上演奇迹，他们继续爆冷击败拜仁，与利物浦会师半决赛。

皇马劫后余生方修正果

进入半决赛，利物浦首回合获胜，次回合一度被对手顽强扳平总比分，不过，下半场体力不支的比利亚雷亚尔最终崩盘，黑马之旅也就此止步，目送利物浦进入决赛。皇马与曼城的对决再度迎来奇迹降临，首回合曼城4比3主场获胜，次回合在伯纳乌，马赫雷斯第73分钟的进球几乎杀死了皇马，但第88分钟和第91分钟，罗德里戈的两个进球再度将皇马从死亡边缘拉回，进入加时赛后，本泽马攻入点球，皇马再一次死里逃生，杀入欧冠决赛。

皇马上一次出战欧冠决赛，对手也是利物浦，最终皇马3比1获胜，也创下了欧冠三连冠伟业。时隔4年，两队再次会师，相比于那场对决，利物浦成了相对更被看好的一方，但一路跌跌撞撞杀入决赛的皇

ℹ 2022年5月29日，2021/2022赛季欧冠决赛如期而至。在法兰西大球场8万余名球迷注视之下，维尼修斯攻入了全场比赛的唯一进球，帮助皇马力克老对手利物浦，捧起队史第14座欧冠冠军奖杯。

马，终究无法在欧冠舞台被轻视。由于安保的混乱，决赛推迟了36分钟开球，利物浦在上半场是主导比赛的一方，马内的射门被库尔图瓦扑救后击中立柱弹出，但皇马的反击效率颇高，本泽马上半场尾声的一次破门被判无效。下半场比赛皇马再度打出一波反击，无人盯防的维尼修斯接到巴尔韦德传球捅出致命一刀，最后时刻大举反扑的红军难以逾越有如神助的库尔图瓦，萨拉赫势在必进的射门被比利时门将神勇化解。

终场哨声响起，皇马捧起队史第14座欧冠冠军奖杯，也堪称史上最惊险刺激的一次欧冠夺冠之旅，自八分之一决赛开始便频繁游走在被淘汰的边缘，却总能一次次神奇般绝处逢生，连续上演救主好戏的本泽马在本届欧冠宣告封神。利物浦则旧仇未报再添新恨，克洛普入主之后的红军共计出战5届欧冠，除2019年登顶外，一次负于马竞，另外三次均倒在了皇马帐前——皇马始终是克洛普和利物浦在欧冠赛场难以逾越的高山。

夏日记事

C罗寻求离开曼联

2021/2022赛季的曼联在英超赛场表现糟糕，仅仅排名第6位，无缘新赛季的欧冠赛场，前一年回归曼联的C罗在赛季结束后向曼联高层提出了离队申请，以期新赛季加盟一支能出战欧冠的球队。但在C罗经纪人门德斯一个夏窗的"推销"之下，仍没有欧冠球队想要C罗。转会未成的葡萄牙人也和曼联新帅滕哈格决裂，新赛季初只能以替补身份出战，C罗最终在11月世界杯开战前与曼联解约。

AC米兰时隔11年夺得意甲冠军

当赛季意甲最后一轮，AC米兰客场面对萨索洛，上半场吉鲁梅开二度，凯西攻入一球，米兰最终客场以3比0完胜对手，以2分优势力压同城死敌国际米兰，时隔11年再度夺得意甲冠军。自从2011年意甲夺冠以来，米兰在十余年间饱经沧桑，不仅从未拿到过重要锦标，出战欧冠的次数也屈指可数。但这个赛季在马尔蒂尼和皮奥利的运筹帷幄之下，仰仗凯西、莱昂、吉鲁等人的出色发挥，以及伊布拉希莫维奇的老而弥坚，米兰最终重现昔日荣光。

拜仁德甲十连冠 创五大联赛纪录

当赛季德甲第31轮，拜仁慕尼黑在国家德比中主场3比1击败多特蒙德，提前三轮锁定德甲桂冠。拜仁也完成了欧洲五大联赛历史上绝无仅有的壮举——连续10个赛季夺得联赛冠军。前一赛季的尤文图斯原本有望冲击这一纪录，但国际米兰的夺冠让尤文最终无缘意甲十连冠。

切尔西结束阿布时代

2022年5月，切尔西官方宣布与新的收购方达成协议，美国老板伯利和他旗下的清湖资本成为"蓝军"新主人，这也意味着切尔西正式结束长达19年的阿布拉莫维奇时代。当年"俄乌冲突"爆发后，英国政府公布了针对俄罗斯富豪资产的制裁措施，阿布拉莫维奇的所有资产均被冻结，包括切尔西俱乐部在内，阿布最终也被迫将切尔西出售给了美国资本。

罗马夺得首届欧协联冠军

2021/2022赛季是欧足联旗下的第三级别欧战赛事——欧协联开办的第一个赛季。尽管在当赛季欧协联小组赛阶段曾以1比6惨败给挪威球队博德闪耀，但穆里尼奥麾下的罗马还是在决赛中以1比0击败费耶诺德，捧起了首届欧协联冠军奖杯，穆帅也成为历史上第一位在欧冠、欧联和欧协联三级欧洲赛事均率队夺冠的教练。

全景

皇马一路逆袭夺冠

安切洛蒂挂帅的皇家马德里在这个赛季拿下了队史第14个欧冠冠军，而夺冠的过程只能用神奇来形容。皇马在淘汰赛阶段接连面对巴黎圣日耳曼、切尔西、曼城和利物浦，处在新老交替期阶段的皇马，每轮淘汰赛开始前几乎都是不被看好的一方，过程之中，又都经历了命悬一线的惊险剧情，但却一次次绝处逢生，一路依靠"逆袭"拿下队史第14座欧冠奖杯。作为欧冠之王，皇马的这一遭夺冠之旅，也许是最令球迷难忘的一次。

黄潜上演黑马奇迹

由埃梅里挂帅的"黄色潜水艇"比利亚雷亚尔这个赛季给了外界莫大的惊喜。比利亚雷亚尔以上赛季欧联杯冠军身份跻身本赛季欧冠赛场，小组赛与曼联分到一组，最后一轮才压过亚特兰大，以小组第二出线。但淘汰赛阶段接连面对纸面实力远强过自己的拜仁慕尼黑和尤文图斯，埃梅里的球队均笑到最后，半决赛迎战利物浦，他们也一度在主场的第二回合扳平总比分，行至下半场才因体力不支崩盘。无论如何，比利亚雷亚尔已经缔造黑马奇迹。

"梅罗对决"流产

这个赛季的欧冠16强战抽签阶段闹出了啼笑皆非的"乌龙事件"。在原本的抽签结果之中，拥有C罗的曼联将会在八分之一决赛对决拥有梅西的巴黎圣日耳曼，这也被视为"绝代双骄"梅西与C罗在欧冠赛场潜在的最后交手机会。但随后欧足联官方宣布，由于技术原因抽签环节发生失误，原本的淘汰赛对阵将作废，需要重新进行对阵抽签。第二次的结果，大巴黎和曼联分别遭遇马德里双雄皇马和马竞，最终双双在16强战阶段遭到淘汰，继前一赛季后，"绝代双骄"再一次同时无缘欧冠8强。

决赛场地再度更换

该赛季的欧冠决赛举办地原本是俄罗斯圣彼得堡的克里斯托夫斯基体育场，但在2022年2月末"俄乌冲突"爆发，欧足联召开紧急会议，协商后决定取消圣彼得堡的决赛举办资格，并将决赛转移至法国巴黎的法兰西大球场举行，这也是欧冠决赛连续第三个赛季更换举办场地。2022年欧冠决赛也是2019年以来，第一次在坐满现场观众情况下举办的欧冠决赛。由于欧足联赛前管理不善造成大量观众没能及时入场，决赛的开球时间被推迟了36分钟，最终皇马以1比0击败利物浦，夺得冠军。

客场进球规则被取消

欧足联在2021年6月宣布，自1965年以来在各级别欧战赛事淘汰赛阶段的客场进球规则被废除，因此2021/2022赛季起的欧冠淘汰赛也没有了客场进球规则，如果两回合总比分战平，将不比较客场进球数，而是以加时赛和点球大战方式决出晋级球队。半决赛皇马与曼城一战，罗德里戈在次回合最后时刻连入两球追平总比分，皇马在加时赛阶段战胜曼城晋级决赛。如果按照客场进球规则，皇马在罗德里戈打入第二球后将直接凭借客场进球优势杀入决赛，无须进入加时赛。

意大利继续颓势

英超和西甲球队在本赛季的欧冠赛场延续强势，来自这两个联赛的队伍在8强中占据6个席位，同时包揽了4强的全部4个名额。形成鲜明对比的是落寞的意甲，时隔多年再次入围欧冠的AC米兰被分到死亡之组，最终垫底出局，亚特兰大在小组末轮不敌比利亚雷亚尔无缘淘汰赛。国际米兰和尤文图斯虽然成功出线，但蓝黑军团被利物浦挡在了8强门外，尤文图斯更是输给了纸面实力不如自己的比利亚雷亚尔，意大利球队再一次集体无缘欧冠8强。

巴萨无缘淘汰赛

2021年夏天梅西离开巴萨，也让红蓝军团结束了一个时代，该赛季巴萨在欧冠小组赛阶段与拜仁慕尼黑、本菲卡和基辅迪纳摩分到了同一组，外界普遍认为虽然缺少了梅西，红蓝军团和拜仁携手进入16强应当是手拿把攥。但巴萨在小组赛前两轮接连以0比3完败拜仁和本菲卡，出线形势急转直下。虽然接下来双杀基辅迪纳摩，但主场战平本菲卡，客场惨败拜仁之后，巴萨时隔21年再度饮恨欧冠小组赛。

本泽马封神一季

毫无疑问，该赛季的欧冠就是本泽马的封神之战，以15球拿下欧冠射手王自不必说，进入淘汰赛阶段的本泽马几乎是不可阻挡。主场迎战巴黎，皇马9号15分钟内上演帽子戏法，帮助皇马完成不可思议的逆转；客场挑战切尔西，上演连场戴帽好戏；半决赛对决曼城，两回合打入3球。那个赛季的本泽马但凡少打入任何一个欧冠淘汰赛阶段的进球，都不可能有皇马的第14冠。神一般的表现也让本泽马毫无悬念地捧走了2022年金球奖。

16强战图

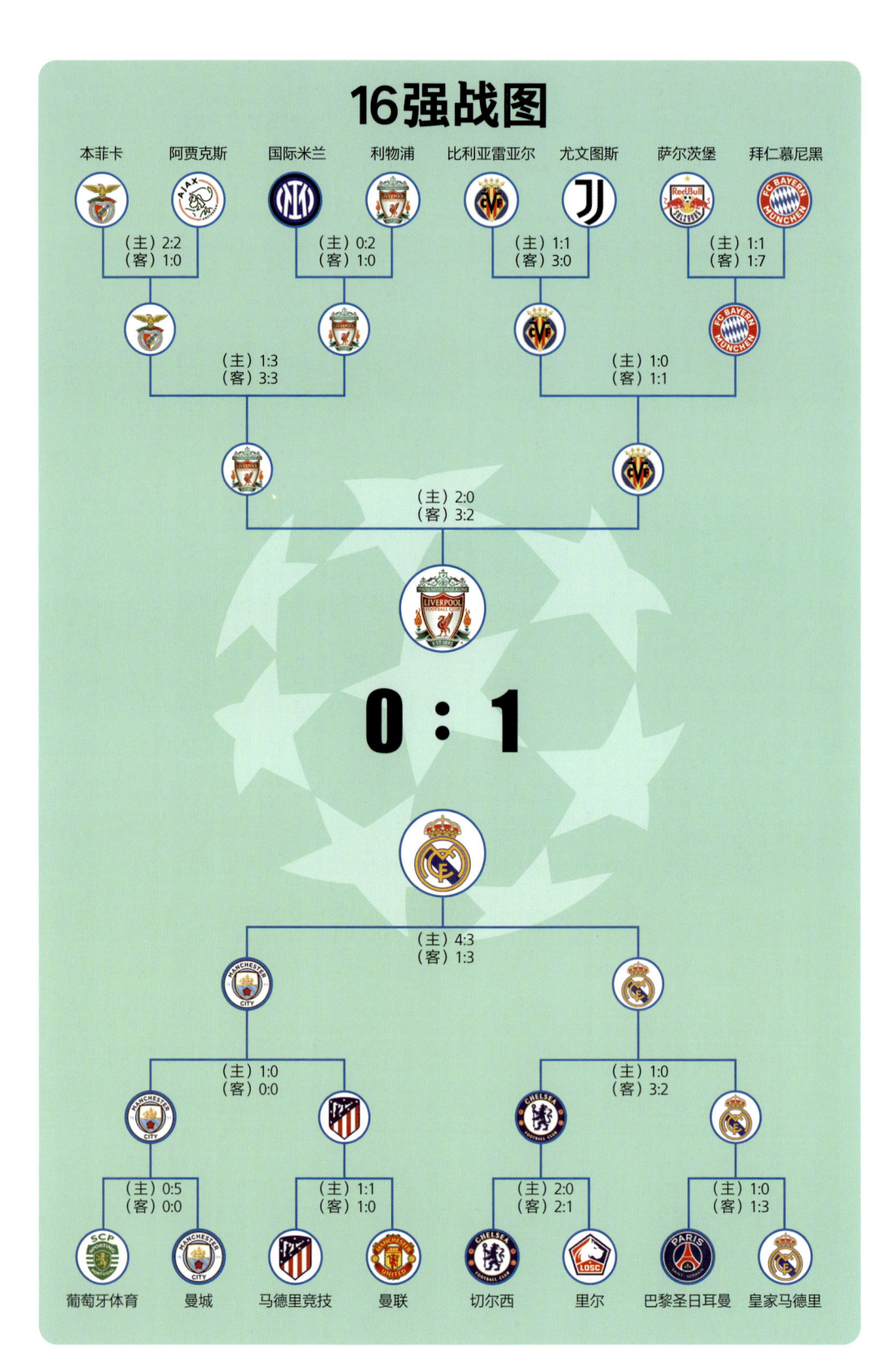

本菲卡　阿贾克斯　国际米兰　利物浦　比利亚雷亚尔　尤文图斯　萨尔茨堡　拜仁慕尼黑

（主）2:2　　　（主）0:2　　　（主）1:1　　　（主）1:1
（客）1:0　　　（客）1:0　　　（客）3:0　　　（客）1:7

（主）1:3　　　　　　　　　　　（主）1:0
（客）3:3　　　　　　　　　　　（客）1:1

（主）2:0
（客）3:2

利物浦

0:1

皇家马德里

（主）4:3
（客）1:3

（主）1:0　　　　　　　　　　　（主）1:0
（客）0:0　　　　　　　　　　　（客）3:2

（主）0:5　　（主）1:1　　（主）2:0　　（主）1:0
（客）0:0　　（客）1:0　　（客）2:1　　（客）1:3

葡萄牙体育　曼城　马德里竞技　曼联　切尔西　里尔　巴黎圣日耳曼　皇家马德里

决赛

2022.5.29-法兰西大球场　　　　　　　　　　　　　　　　　裁判：克莱芒·蒂尔潘（法国）

0 : 1

利物浦（433）			皇家马德里（433）
阿利松	门将	门将	库尔图瓦
阿诺德	后卫	后卫	卡瓦哈尔
科纳特			米利唐
范戴克			阿拉巴
罗伯逊			费兰·门迪
蒂亚戈77'	中场	中场	克罗斯
法比尼奥			卡塞米罗
亨德森77'			90'莫德里奇
路易斯·迪亚斯65'	前锋	前锋	90'维尼修斯
马内			本泽马
萨拉赫			85'巴尔韦德

替补

若塔65'			85'卡马文加
凯塔77'			90'塞瓦略斯
菲尔米诺77'			90'罗德里戈

进球

0:1　　　　　　　　　　　　　　　　　　　　　　　　　　　维尼修斯59'

射手榜

1 本泽马（皇家马德里）	15	7 萨内（拜仁慕尼黑）	6
2 莱万多夫斯基（拜仁慕尼黑）	13	姆巴佩（巴黎圣日耳曼）	6
3 塞巴斯蒂安-哈勒（阿贾克斯）	11	C.（罗纳尔多）曼联	6
4 萨拉赫（利物浦）	8	丹朱马（比利亚雷亚尔）	6
5 恩昆库（RB莱比锡）	7	努涅斯（本菲卡）	6
马赫雷斯（曼城）	7		

2021/2022

2023 2024

欧冠之王低开疯走

2022/2023赛季欧冠半决赛，皇马被瓜迪奥拉的曼城彻底击溃之后，"老佛爷"弗洛伦蒂诺又动了重建的心思。尽管夏窗转会进行得如火如荼，但是皇马却一改往日的风格，除了常规性与姆巴佩拉扯，《马卡报》盘点，从6月3日至6月27日，皇马仅仅用了24天，完成13笔交易，高效率完成阵容更新，风驰电掣绝不拖沓。

在6月3日到6月4日，皇马用行动诠释了什么是雷厉风行，阿森西奥、马里亚诺合同到期走人，阿扎尔提前1年解约，本泽马前往沙特淘金。4进4出，除了离队之外，皇马又在随后的时间里花费1.03亿欧元签下贝林厄姆，回购左后卫弗兰·加西亚，布拉欣·迪亚斯结束租借重返皇马，何塞卢从西班牙人租借加盟。阵容搭建完毕，皇马真正面对的问题还在后面。

最会"看菜下饭"的安切洛蒂又对皇马的阵容进行了进一步的整合，这赛季的皇马在联赛和杯赛的战场上齐头并进，本赛季皇马38场联赛仅输1场，成功摘得西甲冠军，而在欧冠赛场上，皇马依旧延续了欧冠之王的本色，在小组赛阶段表现出色，淘汰赛阶段面对RB莱比锡，皇马以2比1的比分取胜，随后的1/4决赛中，通过点球大战淘汰曼城。半决赛中，皇马遇到了老对手拜仁，凭借何塞卢补时阶段的两个进球，以微弱优势晋级决赛。最终的温布利大决战，皇马在对阵多特蒙德的比赛中，凭借最后时刻的攻势，赢得了第15个欧冠冠军。

超级死亡之组横空出世

2021年欧足联宣布，2024/2025赛季起，欧冠将扩军至36支参赛球队，赛制和当前相比也将有重大变化，因此本赛季也是旧赛制之下的最后一届欧冠。小组赛抽签结束后，出现了"超级死亡之组"，巴黎圣日耳曼、多特蒙德、AC米兰和纽卡斯尔四支来自五大联赛的球队齐聚F组，4支球队不仅全部来自五大联赛，而且硬实力相对还比较接近。

小组赛开始后，F组果然充斥着死亡味道，在最后一轮开战之前，4支球队除多特蒙德已经提前出线之外，其余3支球队均存在出线、参加欧联杯或直接出局的可能，最后一轮小组赛中，巴黎客场1比1战平多特，纽卡主场1比2不敌米兰，巴黎紧随多特以小组第二出线，米兰以第三参加欧联杯，

纽卡则垫底出局。死亡之组的4支队伍上演了"食物链"剧情——纽卡胜巴黎、巴黎胜多特、多特胜米兰、米兰胜纽卡，最终小组头名出线的多特拿到11分，垫底的纽卡得到5分，巴黎和米兰同为8分，巴黎凭借相互战绩优势才压过米兰出线，死亡之组的名分实至名归。A组的结果同样略显意外，原本各方均看好拜仁和曼联携手出线，但曼联主客场面对加拉塔萨雷只拿到1分，面对哥本哈根主场取胜，但做客丹麦首都却被对手在一场进球大战中4比3击败，最终曼联被哥本哈根和加拉塔萨雷两队压到了小组末位出局，甚至连欧联杯资格都没有得到。其余小组赛的结果均没有太大意外，皇马与曼城均在小组赛中豪取六连胜昂首出线，巴萨在时隔两年后重回淘汰赛，时隔6个赛季重返欧冠赛场的阿森纳同样头名出线，时隔10个赛季重回欧冠赛场的皇家社会力压上赛季亚军国际米兰，以小组头名出线。

只有意甲受伤的世界

八分之一决赛对阵出炉后，外界普遍认为仅有那不勒斯战巴萨、马竞对阵国际米兰的两组对决悬念较大，其余对阵均没有太大悬念，小组头名出线的皇家社会抽到了最强小组第二之一的巴黎。然而，在首回合对决中爆出了几个冷门，拉齐奥主场以1比0击败拜仁，波尔图主场1比0绝杀阿森纳，曼城、皇马、巴黎、国米均占得先机，到了次回合，阿森纳和拜仁均完成翻盘，枪手也在14年之后重回欧冠8强，巴萨、皇马、巴黎、多特和曼城也都四平八稳进入8强，马竞则在主场经过一场极其激烈的对决后上演绝地翻盘，通过点球大战将上赛季亚军国米淘汰，至此所有意甲球队均无缘欧冠8强。

到了8强战阶段，本赛季的欧冠赛场只剩下了英、西、德、法4个联赛的队伍，也被视为近几年来整体实力最强的8强球队构成。四分之一决赛抽签过后，皇马再度面对老对手曼城，阿森纳则对阵拜仁，这4支球队组成了"死亡半区"，另外一个半区中马竞遭遇多特，巴萨面对巴黎。"皇城大战"成为四分之一决赛中最激烈，也是最跌宕起伏的对决。首回合的伯纳乌之战，双方你来我往，打出一场荡气回肠的3比3大战，福登、格瓦迪奥尔和巴尔韦德在下半场相继世界波破门，到了次回合伊蒂哈德球场之战，皇马率先利用反击机会超出比分，曼城下半场将比分追平，皇马在加时赛中扛住了曼城的狂轰滥炸，最终在点球大战中淘汰对手，也报了上赛季0比4出局的一箭之仇。拜仁时隔6年再度在欧冠赛场迎战阿森纳，最终仍将枪手淘汰，与皇马会师半决赛。另一个半区，马竞主场2比1战

183

REAL MADRID CF

2012—至今

FINAL LONDON 2024
WEMBLEY STADIUM · 1 JUNE
BORUSSIA DORTMUND vs REAL MADRID CF

2023-至今

胜多特蒙德，但次回合多特在威斯特法伦球场发威，4比2翻盘晋级，巴萨首回合客场3比2击败巴黎，次回合一度1比0领先，看起来晋级4强唾手可得，但阿劳霍的红牌改变了一切，巴黎随后连进四球，完成逆转。

皇马再次征服欧冠

半决赛皇马与拜仁这对老对手狭路相逢，首回合在安联球场，克罗斯上演"仙人指路"，助攻维尼修斯率先进球，拜仁随后连进两球，维尼修斯最后时刻罚入点球让皇马带着平局回到伯纳乌。次回合决战，阿方索·戴维斯的进球将皇马逼入绝境，而绝境中挺身而出的是去年夏天仅仅以50万欧元租借费加盟的皇马青训球员何塞卢，他替补出场后连入两球，再度让皇马完成了不可思议的逆转，两个进球发生的时间是比赛第88分钟和第91分钟，与两年前罗德里戈对曼城一战替补出场连入两球，帮助皇马最终翻盘的时间点几乎一致。皇马再度上演了奇迹翻盘，进军温布利球场。另一组对决中，死亡之组携手出线的两队再度相逢，多特蒙德首回合凭着菲尔克鲁格的进球主场1比0战胜巴黎，次回合胡梅尔斯扩大总比分，巴黎在连中立柱之后抱憾出局，姆巴佩也结束了自己巴黎生涯最后一

- 2024年4月18日，2023/2024赛季欧冠8强战次回合，皇马客战曼城，罗德里戈在为球队首开纪录后庆祝进球。
- 2024年6月2日，皇家马德里击败多特蒙德豪取队史第15座欧冠冠军奖杯，"典礼中场"莫德里奇和克罗斯赛后在大耳朵杯前合影，霸气比出6根手指，寓意二人已随皇马6次称雄欧陆。

场欧冠比赛。

皇马与多特最终在温布利球场会师，多特上一次进军欧冠决赛是在2013年，当时的决赛场地同样是温布利球场，多特最终1比2不敌拜仁，屈居亚军。这一次面对欧冠之王皇马，多特上半场在场面上占据优势，但阿德耶米的单刀球没能打进，菲尔克鲁格的射门也被立柱拒绝。在顶住了多特上半场的攻势过后，皇马下半场开始展现出欧冠之王的成色，即将退役的克罗斯开出角球，卡瓦哈尔一头将球顶入远角，随后皇马抓住多特后场传球失误，由贝林厄姆助攻维尼修斯扩大比分，两年前欧冠决赛绝杀利物浦过后，维尼修斯再一次在欧冠决赛有所斩获。

最终，皇马2比0战胜多特，夺得队史第15座欧冠冠军，克罗斯也得以在最辉煌的时刻急流勇退。纵观皇马本赛季的夺冠旅程，实际上是不亚于两年前的奇迹之旅，2023年夏天本泽马离开，皇马只在中锋位置上签下了何塞卢作为替代品，赛

2018-至今

UEFA CHAMPIONS LEAGUE

2014-至今

季中库尔图瓦、米利唐和阿拉巴接连遭遇重伤，但皇马仍在安切洛蒂率领下以95分拿到西甲冠军，整个赛季仅仅输了一场比赛，欧冠赛场也数次在被淘汰的边缘化险为夷，并最终拿下第15冠。如果说奇迹有尽头，那么在尽头等待的，一定是皇家马德里。

▶ 捧杯次日，皇马举行冠军游行，队长纳乔与老大哥莫德里奇在丰收女神雕像旁高举奖杯，与前来共同欢庆的球迷们分享喜悦。

夏日纪事

● 勒沃库森不败夺冠打破拜仁垄断

本赛季欧冠之外的队伍之中，最风光的当属阿隆索率领的勒沃库森，药厂在本赛季德甲赛场以28胜6平0负的不败战绩夺冠，不仅打破了拜仁慕尼黑对德甲冠军连续11个赛季的垄断，还拿到了队史第一个德甲冠军。阿隆索的勒沃库森打破了本队长达31年没有冠军的魔咒，这中间过有2001/2002赛季"三亚王"，还有多次杀入决赛却惜败的惨痛经历，这些统统被这支勒沃库森打破。药厂甚至有机会上演全赛季各项赛事不败并夺取三冠王的神迹，然而欧联杯决赛惨败亚特兰大屈居亚军让这一神迹破碎，但拿到国内双冠、联赛不败夺冠的表现已经足够耀眼。

● 亚特兰大队史首次欧战夺冠

本赛季欧联杯决赛，当绝大多数人都认为阿隆索的勒沃库森能够延续胜利脚步的时候，加斯佩里尼带领的亚特兰大给了全世界一个惊喜，卢克曼的帽子戏法让亚特兰大3比0完胜勒沃库森，送给阿隆索赛季首败，并夺得队史第一座欧战奖杯。自1907年成立以来，亚特兰大仅有的顶级赛事冠军是1962/1963赛季的意大利杯冠军，近几个赛季表现出色的"女神"虽然也时常杀入欧冠赛场，但始终没有冠军入账，本赛季他们终于圆梦，这也是老帅加斯佩里尼执教生涯收获的第一座冠军奖杯。

● 曼城英超四连冠

本赛季英超最后一轮，曼城主场3比1战胜西汉姆联，以2分优势力压阿森纳夺得英超冠军，曼城也完成了英超四连冠的伟业。值得一提的是，英格兰顶级联赛成立135年以来，从来没有过任何一家俱乐部有过四连冠的经历，瓜迪奥拉的曼城完成了这一史无前例的伟大成就。

● **五大联赛黑马狂奔**

本赛季五大联赛中均出现了至少一支异军突起的黑马球队，英超赛场是埃梅里的阿斯顿维拉，他们在赛季末力压热刺、切尔西、曼联等英超"Big6"成员，进军下赛季欧冠赛场；西甲是赫罗纳，这支加泰球队一度处在争冠行列，最终以西甲第三的成绩收官，也将在下赛季队史首次征战欧冠；意甲是博洛尼亚，他们在莫塔带领下杀入欧冠赛场；德甲除勒沃库森外，斯图加特从上赛季保级到本赛季力压拜仁夺取亚军，同样令人感到不可思议；法甲赛场也有布雷斯特这支黑马，他们以季军身份直接进军下赛季欧冠，也是队史首次征战欧冠联赛。

● **克罗斯宣布欧洲杯后退役**

就在欧冠决赛开始前两周左右，托尼·克罗斯通过社交媒体宣布了自己未来的去向：欧洲杯后就此退役。34岁的克罗斯真正做到了在高峰时刻"急流勇退"，俱乐部生涯以欧冠冠军谢幕，接下来的欧洲杯也将成为他职业生涯真正意义上的告别演出。在老搭档莫德里奇仍将继续奋斗的时刻，克罗斯选择了卸甲归田。

● **利物浦结束克洛普时代**

2024年1月，克洛普宣布了自己将在赛季末离开利物浦的决定，这一决定略显突然，也一度震惊了世界足坛。本赛季英超最后一轮，利物浦在主场安菲尔德球场为克洛普举办了隆重的欢送仪式。在告别演讲中，克洛普要求利物浦球迷善待新帅斯洛特，荷兰人将成为克洛普在利物浦的替代者。接近9年的利物浦主帅生涯期间，克洛普带领利物浦赢得了一切可以赢得的冠军奖杯，他在利物浦缔造的辉煌时代也就此落下帷幕。

● **巴萨拜仁宣布换帅**

除利物浦之外，巴萨和拜仁也在这个夏天经历了主帅的更迭，巴萨告别了为期两年半的哈维时代，迎来了弗里克作为新帅。拜仁则在告别图赫尔之后，选择了从伯恩利挖来孔帕尼作为新主帅，两家豪门在新帅带领下将走向何方，目前还不得而知。

● **姆巴佩终入皇马**

2024年2月多家媒体报道，姆巴佩告知巴黎高层自己将在赛季末离开球队，随后姆巴佩也亲自确认这一消息，本赛季姆巴佩跟随大巴黎夺得法甲和法国杯双冠王，欧冠赛场被多特淘汰止步4强，这也成为姆巴佩在巴黎的告别演出。6月4日，皇马官宣姆巴佩加盟球队，这位拥有"儿皇梦"的法国巨星在持续多年的绯闻之后，终于将为儿时支持的俱乐部效力。

全景

皇马夺得队史第15座欧冠奖杯

在伦敦温布利球场2比0战胜多特蒙德之后，安切洛蒂的皇马再度欧冠封王，拿下队史第15座欧冠奖杯。本赛季的皇马在阵中伤病频频的情况下砥砺前行，欧冠小组赛收获六连胜昂首晋级，16强战淘汰莱比锡RB，8强战在与老对手曼城经历了多达210分钟的鏖战后点球胜出，半决赛面对拜仁一度陷入绝境，何塞卢最后时刻梅开二度救主，决赛中面对多特的皇马再度展现出老辣一面。如愿捧杯过后，皇马在最近9次参加的欧冠决赛中悉数取胜，最近11个赛季6次捧起欧冠奖杯，诠释着欧冠之王的气概。

多特时隔11年重返决赛

虽然最终败给皇马屈居亚军，但时隔11年重回欧冠决赛舞台的多特蒙德在本赛季欧冠赛场上仍然带来不少惊喜。多特在小组赛中与巴黎、米兰和纽卡同处死亡之组，黄黑军团在不被看好情况下以小组头名昂首出线。16强战淘汰埃因霍温后，多特蒙德在8强战继续不被看好，被视为所有队伍都希望碰到的"大礼包"，然而多特最终连斩马竞和巴黎杀入决赛，最终败给了皇马，但多特在比赛中也曾一度让皇马门前风声鹤唳。

英超集体无缘4强

过去3个赛季的欧冠决赛中都至少拥有一支英超队伍，过去5个赛季的欧冠决赛更是两次出现英超内战。但这个赛季的英超球队再度在欧冠赛场陷入没落，曼联与纽卡斯尔双双倒在小组赛阶段，而且均是垫底出局，如果说纽卡倒在死亡之组还算情有可原，那么曼联在一个相对不算强势的小组中被哥本哈根和加拉塔萨雷压在小组末席，无论如何也说不过去。阿森纳和曼城成为淘汰赛阶段仅有的英超球队，四分之一决赛面对拜仁和皇马，两队最终双双宣告出局，英超球队自2019/2020赛季以来首次集体无缘4强。

阿森纳时隔14年重回8强

本赛季欧冠八分之一决赛第二回合，阿森纳通过点球大战击败波尔图，挺进8强。枪手上一次出现在欧冠8强还要追溯到2009/2010赛季，那个赛季的阿森纳在八分之一决赛同样将波尔图淘汰，接下来几个赛季，阿森纳全部止步欧冠16强，直到2017/2018赛季开始远离欧冠赛场。本赛季也是阿森纳时隔6年重返欧冠，枪手最终在8强战中被拜仁慕尼黑淘汰。

意甲回归平庸

上赛季意甲球队终于在欧冠赛场扬眉吐气了一番，三支球队会师8强，国际米兰还杀入决赛，最终在一场不落下风的对决中惜败曼城。但本赛季的意甲再度回归平庸，上赛季进入4强的AC米兰被分入死亡之组，最终无缘出线，其余三支球队均以小组第二出线。那不勒斯和拉齐奥没有缔造奇迹，16强战分别败给巴萨和拜仁，但上赛季亚军国际米兰小组赛阶段被皇家社会挤到小组第二，16强战又败给了实力称不上顶级的马竞，多少有些让人失望了。

梅罗双双谢幕 新一代唱主角

2023/2024赛季欧冠是最近20年以来第一届既没有C罗，也没有梅西的欧冠，随着梅罗二人彻底远离欧洲主流战场，新一代球星彻底在本赛季接过权杖，如哈兰德、姆巴佩、维尼修斯、贝林厄姆、福登、罗德里戈等，哈里·凯恩、格列兹曼等年龄在30岁左右的"中生代"也在发挥着重要作用。纵观本赛季欧冠射手榜，前十名中已经看不到80后的身影，莱万、胡梅尔斯、莫德里奇仍能时不时贡献高光发挥，但新一代球星已经在本届欧冠正式占据了主导地位。

最后一届旧赛制欧冠

2021年的欧超风波过后不久，欧足联宣布2024/2025赛季起欧冠将再度改制，这也意味着本赛季成为旧赛制下的最后一届欧冠联赛。下赛季起，拥有36支参赛球队的新赛制欧冠就将和观众见面，小组赛阶段变成各个分档的队伍之间的大混战，淘汰赛将增设附加赛。欧冠扩军也意味着五大联赛中的部分联赛将拥有5个，甚至5以上的欧冠名额，本赛季的意甲第五博洛尼亚、德甲第五多特蒙德都将进入下赛季欧冠赛场。

16强战图

	国际米兰	马德里竞技	埃因霍温	多特蒙德	巴黎圣日耳曼	皇家社会	那不勒斯	巴塞罗那

- 国际米兰 vs 马德里竞技：（主）1:0 （客）1(2):2(3) → 马德里竞技
- 埃因霍温 vs 多特蒙德：（主）1:1 （客）0:2 → 多特蒙德
- 巴黎圣日耳曼 vs 皇家社会：（主）2:0 （客）2:1 → 巴黎圣日耳曼
- 那不勒斯 vs 巴塞罗那：（主）1:1 （客）1:3 → 巴塞罗那

- 马德里竞技 vs 多特蒙德：（主）2:1 （客）2:4 → 多特蒙德
- 巴黎圣日耳曼 vs 巴塞罗那：（主）2:3 （客）4:1 → 巴黎圣日耳曼

- 多特蒙德 vs 巴黎圣日耳曼：（主）1:0 （客）1:0 → 多特蒙德

多特蒙德 0 : 2 皇家马德里

- 拜仁慕尼黑 vs 皇家马德里：（主）2:2 （客）1:2 → 皇家马德里

- 阿森纳 vs 拜仁慕尼黑：（主）2:2 （客）0:1 → 拜仁慕尼黑
- 皇家马德里 vs 曼城：（主）3:3 （客）1(4):1(3) → 皇家马德里

- 波尔图 vs 阿森纳：（主）1:0 （客）0(2):1(4) → 阿森纳
- 拉齐奥 vs 拜仁慕尼黑：（主）1:0 （客）0:3 → 拜仁慕尼黑
- RB莱比锡 vs 皇家马德里：（主）2:0 （客）2:1 → 皇家马德里
- 哥本哈根 vs 曼城：（主）1:0 （客）1:3 → 曼城

波尔图	阿森纳	拉齐奥	拜仁慕尼黑	RB莱比锡	皇家马德里	哥本哈根	曼城

决赛

2024.6.2-温布利大球场　　　　　　　　　　　　　　　　　　裁判：温契奇（斯洛文尼亚）

0 : 2

多特蒙德（433）			皇家马德里（4231）
科贝尔	门将	门将	库尔图瓦
瑞尔森	后卫	后卫	卡瓦哈尔
胡梅尔斯			吕迪格
施洛特贝克			纳乔
马特森			费兰·门迪
萨比策	中场	中场	巴尔韦德
埃姆雷·詹80′			卡马文加
布兰特80′			86′克罗斯
桑乔87′	前锋		85′贝林厄姆
菲尔克鲁格		前锋	90′罗德里戈
阿德耶米72′			90′维尼修斯

替补

罗伊斯72′	85′何塞卢
阿莱80′	86′莫德里奇
马伦80′	90′米利唐
吉滕斯87′	90′巴斯克斯

进球

0:1	卡瓦哈尔74′
0:2	维尼修斯83′

射手榜

1 凯恩（拜仁慕尼黑）	8	莫拉塔（马德里竞技）	5
姆巴佩（巴黎圣日耳曼）	8	加莱诺（波尔图）	5
3 格列兹曼（马德里竞技）	6	福登（曼城）	5
维尼修斯（皇家马德里）	6	罗德里戈（皇家马德里）	5
哈兰德（曼城）	6	阿尔瓦雷斯（曼城）	5
6 何塞卢（皇家马德里）	5	拉斯穆斯·霍伊伦（曼联）	5